HOLLAND

IN PERSPECTIEF

Samenstelling en fotografie:
Herman Scholten

Vertalingen in het Engels, Frans en Duits: Copytrust Rotterdam en
De Redactie Boekverzorgers Amsterdam
Vertaling en redactie in het Spaans: Karin Snoep
Vertaling in het Russisch: Vera van Leeuwen-Kokorina
Redactie Russisch: Nadya Olifirenko
Layout, zetwerk en lithografie: Peter Verwey Grafische Produkties bv, Heemstede

De speciale uitgave van *Holland in perspectief* werd exclusief vervaardigd voor Arbu Reizen
door ATRIUM in opdracht van Uitgeverij Elmar b.v., Rijswijk.

© MMVII Uitgeverij Elmar b.v., Rijswijk

ISBN 978 90 8816 001 1
NUR 520

With the compliments of TNO Built Environment and Geosciences

TNO Bouw en Ondergrond werkt aan innovaties bij overheid en bedrijfsleven. Deze zijn gericht op het duurzaam inrichten, gebruiken en beheren van de gebouwde omgeving, de infrastructuur en ondergrond.

TNO Built Environment and Geosciences works on innovations for government and business sectors. These innovations focus on the sustainable organization, use and management of the built environment, its infrastructure and foundations.

TNO Bâtiment et Géoscience travaille à des innovations pour les pouvoirs publics et les entreprises en vue d'un aménagement, d'une utilisation et d'une gestion durables de l'agglomération, de l'infrastructure et du sous-sol.

TNO Bau und Geowissenschaften beschäftigt sich mit Innovationen für staatliche Einrichtungen und Wirtschaftsunternehmen. Ziel ist die nachhaltige Gestaltung, Nutzung und Verwaltung der baulichen Umgebung sowie von Infrastruktur und Untergrund.

TNO Construcción y Subsuelo se dedica al desarrollo de innovaciones en el sector público y privado dirigidas a la ordenación, el uso y la gestión sostenibles del entorno construido, la infraestructura y el subsuelo.

Нидерландская Организация Прикладных Научных Исследований ТНО занята в инновационных проектах государственных органов ипредприятий. Этипроекты направлены на реализацию устойчивой организации, использования иуправления застроенного пространства, инфраструктуры игрунта.

info-BenO@tno.nl

TNO.NL

Inleiding

Nederland herbergt een rijkdom aan architectuur, cultuur en natuur waaraan de meeste inwoners in het dagelijkse leven voorbij zullen gaan. Konden zij hun eigen land maar eens vanuit een ander perspectief bekijken. *Holland in perspectief* biedt dat perspectief. Het bevat een selectie van 400 fraaie foto's die zowel in vogelvlucht als met beide benen op de grond werden gemaakt. We herkennen Holland erin als een land van water, weilanden, koeien, molens, met goed bewaarde oude gevels in stad en dorp, maar ook als een land van bedrijvigheid, van industrie, transport en moderne architectuur. Dat luchtfoto's een verrassende kijk op de lage landen bij de zee geven, zult u na het bekijken van *Holland in perspectief* vast onderschrijven.

Introduction

Pays-Bas recèlent de nombreuses richesses architecturales, culturelles et naturelles auxquelles la plupart des habitants ne prêtent guère attention dans la vie de tous les jours. Si seulement ils pouvaient regarder leur propre pays d'un autre point de vue. *La Hollande dans la perspective* leur donne cette chance. Ce livre comprend une sélection de 400 superbes photographies qui ont été prises aussi bien du ciel que de la terre. Nous y découvrons la Hollande comme un pays d'eau, de prairies, de vaches, de moulins, de maisons aux anciennes façades maintenues en bon état à la ville comme à la campagne, mais aussi comme un pays d'activité, d'industrie, de transport et d'architecture moderne. Après avoir parcouru *La Hollande dans la perspective*, vous conviendrez sans conteste que les photographies aériennes donnent une image surprenante des Pays-Bas en bordure de mer.

Einleitung

Den Niederlanden besitzen einen wahren Schatz an Architektur, Kultur und Natur. Die meisten Menschen neigen in ihrem Alltag dazu, an diesen Schönheiten vorbeizuhasten, ohne sie so recht zur Kenntnis zu nehmen. Wie anders wäre dies wohl, wenn diese Menschen ihr eigenes Land einmal aus einer anderen Perspektive betrachten könnten. *Holland in der Perspektive* eröffnet diese Perspektive. Das Buch enthält 400 herrliche Fotografien, die sowohl aus der Vogelperspektive als auch mit beiden Beinen auf der Erde stehend gemacht wurden. Wir erkennen Holland als ein von Wasser, Weideflächen, Kühen, Mühlen sowie gut erhaltenen Häuserfronten in malerischen Stadt- und Dorfzentren bestimmtes Land. Gleichzeitig erleben wir dieses Land von seiner geschäftigen Seite, sehen Industrie, Transportwesen und moderne Architektur. Wenn Sie sich das Buch *Holland in der Perspektive* angeschaut haben, werden auch Sie feststellen, daß diese Luftaufnahmen einen überraschenden Blick auf die von der Nähe zur See geprägten Niederlande bieten.

Introduction

The Netherlands boast a wealth of architecture, culture and nature that many people do not notice in their daily lives. If only they could view their country from another perspective. *Holland in perspective* (A bird's eye view of the Netherlands) offers this perspective. It contains a selection of 400 beautiful photographs taken both from the sky and on the ground. It provides a panorama of the Netherlands as a country of water, pastures, cows, windmills and well-maintained old gables in cities and villages. But it also reveals a country of activity, industry, transport and modern architecture. After turning its pages, you too will discover that aerial photos provide a unique view of the lowlands by the sea.

Introducción

Los Paises Bajos contienen una profusión de arquitectura, de cultura y de naturaleza que probablemente la mayoría de sus propios habitantes ignoran. Si solo pudieran conocer su propio país con otra perspectiva. *Holanda en perspectiva* ofrece esta perspectiva. Contiene una selección de 400 hermosas fotos que fueron hechas a vuelo de pájaro y con los dos pies firmes sobre la tierra. Reconocemos a Holanda no sólo como un país de agua, prados, vacas, molinos y fachadas antiguas bien conservadas en las ciudades y pueblos, pero también como un país de actividades, industrias, transportes y de arquitectura moderna. Después de haber ojeado *Holanda en perspectiva*, usted suscribirá que las fotografías aéreas dan una vista sorprendente de los paises bajos hacia el mar.

Введение

Нидерланды хранят в себе сокровища архитектуры, культуры и природы, которые многие люди в повседневной жизни не замечают. Если бы они могли увидеть свою страну в другой перспективе. *«Голландия в перспективе»* предлагает эту возможность. Эта книга содержит 400 избранных живописных фотоснимков, снятых как с воздуха, так и на земле. Мы узнаём на них Голландию: страну воды, полей, коров, мельниц, с её хорошо сохранившимися старинными фасадами домов в городах и сёлах, а также, открываем для себя страну активной деятельности, индустрии, транспорта и современной архитектуры. После просмотра *«Голладия в перспективе»*, нельзя не согласиться с тем, что снимки с воздуха, дают возможность по-новому взглянуть на низменные земли у моря.

Inhoud

Schiphol	6-9	Het Loo	98-99
Amsterdam	10-25	Hoge Veluwe	100-101
Haarlem	26-27	Deventer	102-103
Zandvoort	28-29	Zutphen	104-105
IJmuiden	30-31	Doesburg	106-107
Zaanse Schans	32-33	Nijmegen	108-109
Pampus	34	Thorn	110-111
Durgerdam	35	Maastricht	112-113
Edam	36-37	's-Hertogenbosch	114-115
Marken	38-39	Heusden	116-117
Volendam	40-41	Loevestein	118-119
Hoorn	42-43	Vlissingen	120-121
Enkhuizen	44-45	Westkapelle	122-123
Broek op Langedijk	46-47	Middelburg	124-125
Alkmaar	48-49	Veere	126-127
Schoorl-Pettten	50-51	Deltawerken	128-129
Eilanden	52-53	Zierikzee	130-131
Medemblik	54-55	Goedereede	132-133
Afsluitdijk	56-57	Rotterdam	134-137
Waddenzee	58-59	Prins Clausplein	138-139
Vlieland	60-61	Dordrecht	140-141
Terschelling	62-63	Kinderdijk	142-143
Harlingen	64-65	Gouda	144-145
Lemmer	66-67	Delft	146-147
Woudsend	68-69	Hoogteverschillen	148
Leeuwarden	70-71	Plaatsnamen	149
Skûtsjesilen	72-73	Den Haag	150-151
Marssum	74-75	Scheveningen	152-153
Sneek	76-77	Leiden	154-155
Groningen	78-79	Keukenhof /bollenvelden	156-157
Bourtange	80-81	Haarzuilens	158-159
Blokzijl	82-83	Utrecht	160-161
Urk	84-85	Forten	162-163
Schokland	86-87	Hagestein	164-165
Flevoland	88-89	Naarden	166-167
Kampen	90-91	Muiderslot	168-169
Windmolens	92-93	Watersport	170-171
Elburg	94-95	Winter	172-173
Zwolle	96-97		

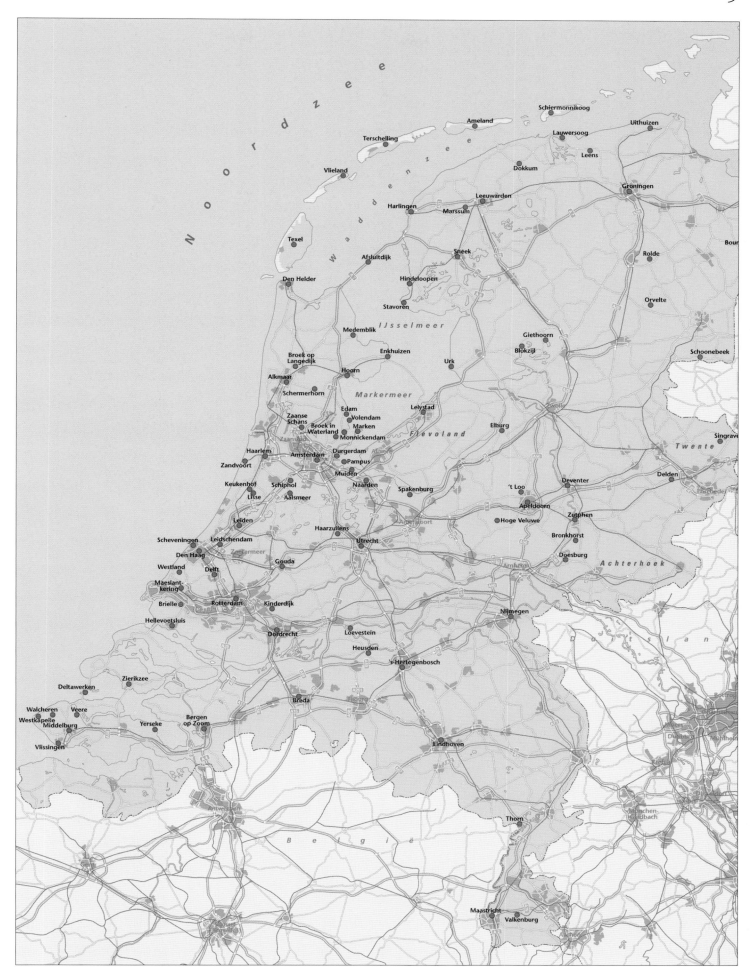

Op de bodem van de voormalige Haarlemmermeer, vier meter onder de zeespiegel, ligt de nationale luchthaven van Nederland, de vierde van Europa en de grootste one-terminal ter wereld. Op de landingsbanen verdween vroeger menig schip onder water.

C'est au fond de l'ancien lac de Haarlem, à quatre mètres au-dessous du niveau de la mer, qu'a été aménagé l'aéroport national néerlandais, le quatrième aéroport d'Europe et le plus grand terminal du monde. Autrefois, plusieurs bateaux engloutis par les eaux ont gît sur ces pistes d'atterrissage.

Auf dem früheren Grund des Haarlemmermeers liegt, vier Meter unter dem Meeresspiegel, der nationale Flughafen der Niederlande, der viertgrößte Europas und der größte One-Terminal der Welt. Auf den Landungsbahnen verschwand früher so manches Schiff unter der Wasseroberfläche.

Verkeerstoren ◊

⬆ Vertrekhal

The national airport of the Netherlands, number four in Europe and the world's largest one-terminal, is located four meters under sea level at the bottom of what was once Haarlemmer Lake. Many ships once sunk where the runways are now located.

En el fondo del antiguo lago de Haarlem, a cuatro metros debajo del nivel del mar, está el aeropuerto nacional holandés, el cuarto aeropuerto de Europa y la terminal más grande del mundo. Anteriormente, muchos barcos se han hundido en estas pistas de aterrizaje.

На дне бывшего озера Хаарлемер, четыре метра ниже уровня моря, расположен национальный аэропорт страны, четвёртый по величине в Европе и самый большой терминал в мире. Когда-то там, на месте взлётных дорожек, затонуло немало кораблей.

Schiphol is vooral ook de thuishaven van de KLM, de nationale luchtvaartmaatschappij. Dat is al zo sinds 1919. De KLM is de oudste nog bestaande luchtvaartmaatschappij. Een ring van snelwegen en een spoorlijn zorgen voor snelle verbindingen met Amsterdam enerzijds en met de residentie Den Haag en de wereldhaven Rotterdam anderzijds.

Schiphol est tout d'abord le port d'attache de la KLM, la compagnie d'aviation nationale. Fondée en 1919, la KLM est la plus ancienne des compagnies d'aviation existantes. Un réseau d'autoroutes et de voies ferrées permettant une liaison rapide avec Amsterdam, la ville résidentielle de La Haye et le plus grand port du monde, Rotterdam.

Schiphol ist vor allem auch der Heimathafen der KLM, der nationalen Luftfahrtgesellschaft. Das ist schon seit 1919 so. Die KLM ist die älteste noch existierende Luftfahrtgesellschaft. Ein Ring von Autobahnen und eine Eisenbahnlinie sorgen für schnelle Verbindungen nach Amsterdam einerseits und zum Regierungssitz Den Haag und dem großen Welthafen von Rotterdam andererseits.

Schiphol is the home base of KLM, the national airline, and has been since 1919. KLM is the oldest Dutch airline still in existence. A ring of motorways and a railway provide fast connections to Amsterdam on one side and the residence of The Hague and the world's largest port of Rotterdam on the other.

Ya desde 1919, Schiphol es sobre todo el puerto de amarre de la compañía aérea nacional holandesa, la KLM. Esta es la compañía más antigua que todavía existe. Una ronda de autopistas y lineas de ferrocarril posibilita conexiones rápidas con Amsterdam, con la sede del gobierno de La Haya y con el gran puerto internacional de Rotterdam.

«Схипхол», в первую очередь, является «портом приписки» национальной авиакомпании КЛМ (Королевское Авиационное Общество), уже начиная с 1919 года. КЛМ – самая старшая по возрасту авиакомпания из всех поныне существующих в стране. Кольцо автострад и железнодорожных дорог обеспечивает быструю связь как с Амстердамом, с одной стороны, так и с резиденцией Гаага и портом мирового значения города Роттердама, с другой стороны.

Dit is ongetwijfeld het bekendste gezicht van Amsterdam. Vooral vanuit de lucht is de grachtengordel goed te zien. Tussen het nieuwe Stadhuis, aan de Amstel rechts, en de Westerkerk aan de Prinsengracht links zien we de Prinsengracht, Keizersgracht , Herengracht en het Singel. Als ringen van zelfvertrouwen om de hartlijn van de stad, van het koninklijk paleis op de Dam, tussen het Damrak en het Rokin, naar het Centraal Station midden boven aan het IJ.

Voici sans aucun doute la vue la plus connue de la ville d'Amsterdam. Sur cette photo aérienne, les canaux se détachent clairement. Entre la nouvelle mairie, située sur la droite au bord de l'Amstel, et la Westerkerk, à gauche, sur le Prinsengracht (le canal des Princes), vous pouvez admirer le Prinsengracht, le Keizersgracht, le Herengracht et le Singel. Ils entourent le coeur de la ville du Palais royal sur le Dam entre le Damrak et le Rokin, jusqu'à la gare centrale tout en haut, en bordure de l'IJ.

Dies ist zweifellos der bekannteste Blick auf Amsterdam. Vor allem aus der Luft ist der aus den Grachten gebildete Gürtel gut zu erkennen. Zwischen dem neuen Rathaus, rechts an der Amstel, und der Westerkerk an der Prinsengracht links, sehen wir die Prinsengracht, Keizersgracht, Herengracht und die Gracht, die Singel genannt wird. Sie liegen da wie Ringe des Selbstvertrauens um die Herzlinie der Stadt, die sich vom Königlichen Palast auf dem Dam, zwischen Damrak und Rokin, bis zum Hauptbahnhof oben in der Mitte an der Wasserstraße 'Het IJ' zieht.

This is undoubtedly the most well-known view of Amsterdam. The canals can be seen especially well from the sky. Between the new City Hall, on the Amstel River to the right, and the Westerkerk on the Prinsengracht on the left, we see the Prinsengracht, Keizersgracht, Herengracht and Singel canals. As rings of self-confidence around the veins of the city, from the Royal Palace on Dam Square, between the Damrak and Rokin, to Central Station, top centre, on the IJ.

Sin duda, esta es la imagen más conocida de Amsterdam. En esta fotografía aérea se distingue sobre todo el cinturón de canales. Entre el ayuntamiento, situado a la derecha del río Amstel, y la iglesia Westerkerk al canal Prinsengracht a la izquierde, se ve los canales Prinsengracht, Keizersgracht, Herengracht y Singel. Como un cinturón de confianza rodean el centro de la ciudad con la Iglesia real en la plaza Dam, entre el Damrak y el Rokin, hasta la estación central arriba en el centro situada al río IJ.

Это, несомненно, самый известный вид Амстердама. Пояса каналов особенно хорошо видны с высоты. Между новой городской Ратушей на реке Амстел (Amstel) и Вестеркерк на Принсенгрӑхт (справа), мы Принсенгрӑхт (Prinsengracht), Кайзерсграхт (Keizersgracht), Геренвидим (Herengracht) и Сингел (Singel). Каналы, как кольца уверенно, вьются вокруг сердца города, королевского дворца на площади Дам, между Дамрак и Рокин, в сторону Центрального вокзала у залива Эй (IJ), (по центру вверх).

De Westerkerk met zijn goudkleurige keizerskroon in top is Amsterdams meest bezongen kerk. Rembrandt ligt hier begraven. Iets verderop schreef Anne Frank in het Achterhuis aan haar dagboek. Veel rijke huizen sieren de grachten.

Avec sa couronne impériale dorée, la Westerkerk est l'église amstellodamoise la plus appréciée. Rembrandt y est enterré et Anne Frank écrivit son journal à quelques centaines de mètres de là.

Die Westerkerk mit ihrer goldfarbenen Kaiserkrone auf der Spitze ist Amsterdams meistbesungene Kirche. Rembrandt liegt hier begraben und Anne Frank schrieb ein kleines Stück von hier in einem Hinterhaus ihr Tagebuch. Viele prachtvolle Häuser zieren die Grachten.

The Westerkerk with its golden imperial crown on top is Amsterdam's most praised church. Rembrandt is buried here and Anne Frank wrote her diary in hiding just a few houses away. The canals are lined with numerous grand canal houses.

⇧ Zandhoek

La iglesia Westerkerk con su corona imperial de oro en el punto más alto es la iglesia más conocida de Amsterdam. Allí yace Rembrandt y a poco distancia Anne Frank escribió su diario en la Achterhuis (la casa trasera). Alrededor de los canales se ven muchas casas residenciales.

Вестеркерк (Westerkerk) с её позолоченной императорской короной на шпиле – наиболее воспетая церковь Амстердама. Здесь похоронен Рембранд. Недалеко отсюда, в так называемом Ахтерхаузе, писала свой дневник Анна Франк. Множество богатых домов украшают набережные каналов.

⇩ Brouwersgracht

Montelbaanstoren ⇩

⇦ Stopera

De overwegingen die tot de merk-waardige combinatie van twee gebouwen, Stadhuis en Opera, in dat ene woord Stopera gevangen werden zijn in essentie zuiver Hollands, twee voor de prijs van één!
Nog een geslaagde combinatie. Het dak van de oprit van de IJ-tunnel bleek uitermate geschikt voor het science center New Metropolis. Geen museum en ook geen pretpark, wel een groot succes!

Les considérations qui ont étran-gement conduit à combiner le nom de ces deux édifices – la Mairie (Stadhuis en néerlandais) et l'Opéra – dans un seul mot sont typiquement hollandaises : deux pour le prix d'un !
Encore une heureuse combinaison : le toit de la rampe d'accès du tunnel sur l'IJ s'est avéré l'endroit idéal pour le centre scientifique New Metropolis. Ce n'est ni un musée, ni un parc de loisirs, mais il connaît un véritable succès.

Die Überlegungen, die zu der merkwürdigen Kombination zweier Gebäu-de, des 'Stadhuis' (Rathaus) und der Opera, führten, die in dem einen Wort Stopera zum Ausdruck kommt, sind wohl als typisch für die als sparsam bekannten Holländer anzusehen: zwei für den Preis von einem!
Noch eine gelungene Kombination. Das Dach der Auffahrt des IJ-Tunnels erwies sich als in hohem Maße geeignet für das Wissenschafts- und Techno-logiemuseum New Metropolis. Weder Museum noch Vergnügungspark, aber ein großer Erfolg!

The considerations that led to the unusual combination of two buildings, the City Hall ('stadhuis in Dutch) and Opera, being combined into the one name of Stopera are typically Dutch, two for the price of one!
Likewise, the roof of the entry to the IJ tunnel turned out to be a perfect loca-tion for the New Metropolis science centre. It isn't a museum or an amuse-ment park, but it is a tremendous success!

Las consideraciones que curiosamente han llevado a la combinación de dos edificios, el ayuntamiento ('stadhuis' en holandés) y el ópera, unidos en la palabra 'Stopera', por escencia representan una idea muy holandesa: dos por el precio de uno!
Otra combinación exitosa: el techo del acceso al túnel IJ, resultó ser muy ade-cuado para instalar el centro científico New Metropolis, que ni es museo, ni parque de atracciones, pero que sí tiene múcho éxito.

Соображения, которые в конечном итоге привели к строительству своеобразной комбинации двух зданий- Городской Ратуши и Оперы-под одним названием Стопера, по сути типично голландское решение: два по цене одного! И ещё одна удачная комбинация. Крыша въезда в туннель Эй оказалась весьма пригодной для размещения научного центра New Metropolis - HEMO. Это не музей и не парк аттракционов, но определённо блестящее решение!

Zuiderkerk

Nemo ⇨

Koninklijk Paleis op de Dam

Het is in de serene rust van het Begijnhof eenvoudig voor te stellen hoe hier vrouwen leefden die zich terugtrokken om een religieus leven te leiden zonder daarvoor in een klooster te gaan.

La sérénité de l'endroit permet d'imaginer aisément la façon dont vivaient les femmes qui, sans avoir besoin d'entrer au cloître, se retiraient du monde pour mener une vie religieuse.

In der Serenität des Hofs kannn man sich leicht vorstellen wie hier Frauen lebten, die sich – ohne dafür in ein Kloster zu gehen – von der Welt zurückzogen, um ein religiöses Leben zu führen.

Walking in the serenity of the Begijnhof (Beguinage) it is very easy to imagine how the women that wanted to lead a religious life lived. Without having to go into a convent they could live here away from the world.

En el silencio sereno es fácil imaginarse que las mujeres del beaterio (Begijnhof) llevaron una vida retraída y religiosa, sin necesidad de profesar una religión.

Оказавшись в безмятежной тишине внутреннего дворика Бегейнхофа (Begijnhof), обители для женщин, членов полумирских, полумонашеских общин, можно легко представить себе, как они жили здесь в уединении, ведя свою жизнь согласно своим религиозным убеждениям, не уходя для этого в монастырь.

Het Centraal Station van Amsterdam werd ontworpen door de architect P.H.J. Cuypers. Het is gebouwd op een kunstmatig eiland. Aan de oostzijde bevindt zich het IJ, waar in de Gouden Eeuw al de schepen van de Verenigde Oost-Indische Compagnie afmeerden.

La Gare Centrale (Centraal Station) d'Amsterdam, dessinée par l'architecte P.H.J. Cuypers, est construite sur une île artificielle. Du côté est se trouve l'IJ, où amarraient les navires de La Compagnie unifiée des Indes orientales (VOC) pendant le siècle d'or.

Der Hauptbahnhof (Centraal Station) von Amsterdam wurde von dem Architekten P.H.J. Cuypers entworfen. Er wurde auf einer künstlichen Insel erbaut. An der Ostseite befindet sich das IJ, wo im Goldenen Jahrhundert die Schiffe der Vereinigten Ostindischen Compagnie anlegten.

Amsterdam Central Station, designed by the architect P.H.J. Cuypers, was built on an artificial island. To the east is the River IJ. During the Golden Age the Dutch East India Company's (VOC) ships unloaded their precious cargo from the Far East on the banks of the river.

Rijksmuseum

La estación central de Amsterdam, proyectada por el arquitecto P.H.J. Cuypers, está construida en una isla artificial. El lado este se encuentra en el río IJ, donde en el Siglo de Oro, atracaron los buques de la Compañía de las Indias Orientales (VOC).

Здание Центрального вокзала Амстердама было построено по проекту архитектора П.Х.Й. Кауперса (P.H.J.Cuypers) на исскуственно созданном острове. На восточной стороне находится залив Эй, где в Золотом веке (XVII век) швартовались корабли торговой Объединённой Ост-Индской компании (VOC).

Het IJ voor de stad was eeuwen-
lang het belangrijkste vaarwater.
Maar met de opening van het
Noordzeekanaal in de vorige eeuw
gingen de havens van het oosten naar
het westen van de stad.

Durant des siècles, l'IJ était la prin-
cipale voie navigable de la ville.
Mais avec l'ouverture du canal de la
mer du Nord (Noordzeekanaal), au
siècle dernier, les ports se déplacè-
rent de l'est à l'ouest de la ville.

Das IJ, der Wasserweg unmittelbar
vor der Stadt, war jahrhundertelang
die wichtigste Fahrrinne. Aber mit
der Öffnung des Nordseekanals im
vorigen Jahrhundert wurden die
Häfen vom Osten in den Westen der
Stadt verlegt.

The IJ has been the city's most
important body of water for centuries. But with the opening of the
North Sea Canal in the last century
the harbours moved from the east to
the west of the city.

Durante siglos, el IJ fue el itinerario
más importante de la ciudad. Pero
con la apertura del canal del mar del
Norte (Noordzeekanaal) en el siglo
pasado, los puertos se trasladaron
del este al oeste de la ciudad.

В течение столетий залив Эй
(IJ) был для государства самым
важным водным путём. Но с
открытием канала с выходом в
Северное море (Noordzeekanaal)
в прошлом столетии, порт
был перенесён с восточной на
западную сторону города.

Het sprookje van Amsterdam bij nacht uit zich vooral in de grachtengordel, maar ook langs de Amstel met de Magere Brug. Voor de voormalige Marinekazerne, nu het Scheepvaartmuseum, ligt een replica van een Oostin-diëvaarder.

La nuit amstellodamoise est féerique, notamment à l'intérieur des canaux, mais aussi le long de l'Amstel, où se trouve le Pont Maigre (Magere Brug). Devant l'ancienne arsenal, qui abrite aujourd'hui le musée d'histoire maritime, une réplique d'un vaisseau de la Compagnie des Indes orientales est amarrée.

Amsterdam bei Nacht, ein Märchen, das sich vor allem innerhalb des Grachtengürtels abspielt, dessen Schauplätze aber auch entlang der Amstel mit der Mageren Brücke (Magere Brug) liegen. Vor der ehemaligen Marinekaserne, heute das Schiffahrtsmuseum, liegt ein Nachbau eines Ostin-dienfahrers.

The fairy tale of Amsterdam at night, particularly on the canals, but also along Amstel river with the Skinny Bridge (Magere Brug). A replica of a United East India Company sailing ship is anchored in front of the former Marine Base, which is now home to the Maritime Museum.

Amsterdam de noche es marivillosa, sobre todo en el cinturón de canales, pero también a lo largo del río Amstel con su Magere Brug ('puente delgado'). En frente del cuartel de la marina, ahora el Museo de la Navegación, se encuentra una réplica de un barco con destino a las Indias Orientales.

Сказочная красота ночного Амстердама ярче всего проявляется в районе каналов, а также вдоль реки Амстел с её «Тощим мостом» (Magere Brug). Перед бывшими военно-морскими казармами, где сейчас находится музей Судоходства, лежит копия корабля Ост-Индской компании.

⇐ Magere Brug

⇐ Damrak

Het komt niet vaak voor dat Amsterdam wordt bedekt met een witte deken van sneeuw en het is meestal maar van korte duur. Maar als het gesneeuwd en gevroren heeft, is de schoonheid van Amsterdam nauwelijks onder woorden te brengen.

Il est plutôt rare qu'Amsterdam soit couverte de neige et lorsque cela arrive, c'est souvent de courte durée. Mais lorsqu'il a neigé, la beauté d'Amsterdam est indicible.

⇦ Zuiderkerk

Es kommt nicht oft vor, dass Amsterdam von einer weißen Decke aus Schnee bedeckt wird und dies ist meistens auch nur von kurzer Dauer. Aber wenn es geschneit hat, ist die Schönheit von Amsterdam kaum mit Worten zu beschreiben.

It is not often that Amsterdam is covered in a white blanket of snow and usually it only lasts for a short time. When it is, however, Amsterdam's beauty is beyond words.

Muy pocas veces, y en general por muy poco tiempo, Amsterdam está cubierta de una manta blanca de nieve. Si ocurre, la belleza de Amsterdam es indescriptible.

Такое случается редко, когда Амстердам окутывается белым покрывалом снега, да и длится обычно недолго. Если же выпал снег и стоит морозная погода, то описать красоту Амстердама словами почти невозможно.

Haarlem wordt ook Spaarnestad genoemd naar de rivier die zich door de stad kronkelt. De machtige St. Bavokerk verheft zich hoog boven de stad. Het interieur wordt beheerst door het wereldberoemde orgel. De tienjarige Mozart heeft in 1766 hier het klavier beroerd.

Haarlem est située sur la Spaarne, rivière qui traverse la ville. La magnifique église St-Bavo se dresse au-dessus du reste de la ville. Ce sont ses orgues qui sont célèbres dans le monde entier. Mozart vint y jouer en 1766. Il avait alors dix ans.

Haarlem die Spaarnestadt, so benannt nach dem Fluß, der sich durch die Stadt windet. Die mächtige St. Bavoskirche ragt hoch über der Stadt in den Himmel. Die Orgel im Inneren des Gebäudes ist weltberühmt. Der 10-jährige Wolfgang Amadeus Mozart hat 1766 hier die Tasten berührt.

Haarlem is also named the Spaarnestad, after the Spaarne river that winds through the city. The mighty St. Bavo church spires far above the city. The organ inside is world famous. 10-year-old Wolfgang Amadeus Mozart played on its keyboard in 1766.

Haarlem, también se llama ciudad del Spaarne, por el río que serpentea por la ciudad. La iglesia St. Bavo domina la ciudad de lejos. El interior es conocido por su órgano de renombre mundial. Fue en 1766 que el pequeño Mozart de diez años de edad, tocó su teclado.

Хаарлем называют ещё городом на Спаарне (Spaarnestad) в честь реки, которая вьётся через город. Могучий кафедральный собор Св. Баво (St.Bavokerk) возвышается высоко над городом. В его внутренней планировке главное место занимает известный во всём мире орган. В 1766 году десятилетний Вольфганг Амадей Моцарт прикасался здесь к его клавишам.

Zandvoort bij Haarlem is vooral de badplaats van Amsterdam. En het moet gezegd worden: de opstelling van de strandstoelen is ook wat chaotischer als we die vergelijken met andere Nederlandse badplaatsen.

Située à proximité de Haarlem, Zandvoort est surtout la station balnéaire des amstellodamois. Et il faut bien le dire, les transats y sont beaucoup moins bien rangés que sur les autres plages néerlandaises.

Zandvoort bei Haarlem ist in erster Linie das Seebad Amsterdams. Und, das muß gesagt werden, die Aufstellung der Strandkörbe ist hier auch etwas chaotischer, als an anderen niederländischen Badestränden – der Einfluß der 'verrückten' Amsterdamer ist eben spürbar.

Zandvoort near Haarlem is where Amsterdam goes to the beach. And it must be said that the beach chairs are assembled in a much more chaotic fashion than at other Dutch beaches.

El pueblo de Zandvoort, situado en las cercanías de Haarlem, sobre todo es la estación balnearia de Amsterdam. Y hay que decirlo, en comparación con otras estaciones balnearias holandesas, las reposeras de playa son colocadas de una manera un poco más caótica.

Вблизи Хаарлема находится Зандвоорт- курортное место на море, главным образом для жителей г.Амстердама. Заметим, что пляжные шезлонги расставлены здесь менее упорядоченно, по сравнению с другими пляжными местами Нидерландов.

IJmuiden is meer dan een voorhaven van Amsterdam. Het is de belangrijkste vissershaven van West-Europa, de Hoogovens (Corus) zijn vlakbij en ook voor de offshore op de Noordzee is de haven belangrijk.

IJmuiden est plus que l'avant-port d'Amsterdam. C'est le plus grand port de pêche d'Europe occidentale. Les hauts fourneaux (Corus) et l'offshore de la mer du Nord – qui joue ici un rôle prépondérant – sont situés à proximité.

IJmuiden ist mehr als nur ein Vorhafen von Amsterdam. Es ist der wichtigste Fischerhafen Westeuropas, die niederländische Schwerindustrie konzentriert sich hier in Gestalt der Firma Hoogovens (Corus) und auch die Off-Shore-Industrie auf der Nordsee ist hier stark vertreten.

IJmuiden is more than an outport of Amsterdam. It is the most important fishing port of Western Europe, the Hoogoven (Corus) plants are nearby and offshore drilling in the North Sea is extremely important here.

IJmuiden, no sólo es el primer puerto antes de llegar a Amsterdam, sino también el puerto pesquero más importante de Europa Occidental. Los altos hornos de la acería Corus están cerca y el puerto es de gran importancia para el sector de afuera de la costa del mar del Norte.

Эймёйден – это не только порт, связывающий море с Амстердамом, но это также и самый важный рыболовный порт в Западной Европе. Рядом находится металлургический завод Хоговенс (Corus) и как порт, Эймёйден играет важную роль для плавучих буровых установок на Северном море.

De Zaan, de levensader van Nederlands oudste industriegebied, slingert zich door de Zaanstreek. Hier in de Zaanse Schans werd in een Zaanse buurt een aantal molens van de Zaan bijeengebracht in een openluchtmuseum.

Artère de la plus ancienne zone industrielle néerlandaise, le cours d'eau du Zaan serpente à travers la région zanoise. Ici, un certain nombre de moulins zanois dans un quartier zanois est été regroupé dans un musée en plein air.

Die Zaan, die Lebensader des ältesten Industriegebietes der Niederlande, schlängelt sich durch das nach ihr benannte Gebiet, den Zaanstreek. Hier im Freiluftmuseum Zaanse Schans wurden einige Mühlen, die früher an der Zaan standen, in ein typisches Dorf gesammelt und wiederaufgebaut.

The Zaan, the lifeline of the Netherlands' oldest industrial area, winds through the Zaanstreek. Here at the Zaanse Schans a number of windmills of the Zaan in a Zaans village are brought together in an open-air museum.

El río Zaan, fuente vital de la zona industrial más antigua de los Paises Bajos, serpentea por la región Zaan (Zaanstreek). Aquí en el museo al aire libre Zaanse Schans, se reunieron varios molinos de la región.

Река Заан- важная водная артерия самого старого промышленного района страны, вьётся по Заанскому краю. Здесь, в Заансе Схансе (Zaanse Schans), куда были перевезены мельницы из района реки Заана, находится музей под открытым небом.

Het was voor de rijkbeladen retourschepen in de Gouden Eeuw vaak lang wachten voor het eiland Pampus. In de 19de eeuw werd er een vesting op gebouwd. In de 21ste eeuw verrijst op een aantal nieuwe eilanden het nieuwe stadsdeel IJburg. In Durgerdam is men daar niet zo gelukkig mee. Men vreest horizonvervuiling. Maar het witte kapelletje/voormalig raadhuis zal ook in de toekomst een baken voor de watersporters blijven.

Durant le Siècle d'Or, les navires richement chargés de marchandises devaient souvent attendre bien longtemps devant l'île de Pampus. Une place forte y fut construite au 19ème siècle et le nouveau quartier d'IJburg y est construit au début du 21ème siècle. Ceci n'est pas pour plaire aux habitants de Durgerdam, qui craignent une dégradation du paysage. La petite chapelle blanche, qui est aussi l'ancienne mairie, continuera cependant de servir de balise aux nombreux amateurs de sports nautiques.

Die schwerbeladenen Handelsschiffe des Goldenen Jahrhunderts der Niederländer mußten oftmals lange vor der Insel Pampus ankern, bevor sie in den Hafen von Amsterdam einfahren durften. Im 19. Jahrhundert wurde hier eine Festung gebaut und im einundzwanzigsten Jahrhundert entsteht hier der neue Stadtteil IJburg. In Durgerdam ist man darüber nicht sehr glücklich. Man befürchtet Horizontverschmutzung, also den schönen Blick auf den Horizont zu verlieren. Aber die kleine weiße Kapelle, ehemaliges Rathaus, wird auch in der Zukunft ein Zeichen für die Wassersportler bleiben können.

The heavy laden ships in the Golden Age spent a lot of time waiting off Pampus Island. A fort was built here in the 19th century and the new city district of IJburg will rise here in the twentyfirst century. The residents of Durgerdam are not happy about this development. People are worried about horizon pollution. But the white chapel adjacent to the former council house will continue to be a beacon for water sportsmen in the future.

En el Siglo de Oro, a menudo los buques muy cargados de riquezas tuvieron que esperar mucho tiempo delante de la isla Pampus. En el siglo diecinueve se instaló una fortaleza en la isla. En el siglo veintiuno ha surgido el nuevo distrito IJburg en unas nuevas islas. Los habitantes de Durgerdam no están muy contentos con este proyecto, pues temen una degradación del paisaje. Sin embargo, en el futuro la pequeña capilla blanca, la alcaldía antigua, seguirá siendo un jalón para los que practican un deporte náutico.

Когда-то, в Золотом веке, нагруженным товарами кораблям, возвращающимся из плавания, приходилось долго ждать на рейде у острова Пампус. В девятнадцатом веке на нём была построена крепость. В двадцать первом веке на нескольких новых островах растет городской район Эйбург (IJburg). В местечке Дюргердаме этому не рады, опасаясь, что новостройки закроют им горизонт. Маленькая белая часовня, бывшая ратуша, останется и на будущее бакеном для любителей водного спорта.

Edam dankt zijn charme voor een flink deel aan de slanke speeltoren en de klassieke ophaalbruggen. Een van de bekoorlijkste exemplaren daarvan is de Kwakelbrug. Met de gedeeltelijk houten huisjes aan de Kwakelsteeg en de scheve carillontoren in haar verlengde vormt deze toren de trots van Edam.

Edam doit une grande part de son charme à la tour effilée du carillon et aux ponts basculants traditionnels, le Kwakelbrug et en est un des plus beaux spécimens. Avec les maisons de la Kwakelsteeg partiellement construites en bois et la longue tour penchée du carillon, ce pont est la fierté d'Edam.

Edam verdankt seinen Charmen zum größten Teil dem schlanken Speeltoren (Spielturm) und den klassischen Zugbrücken. Eines der reizvollsten Exemplaren ist die Kwakelbrücke. Mit den zum Teil aus Holz gebauten Haüsern am Kwakelsteeg und dem schiefen Glockenspielturm ist dies der Stolz von Edam.

Edam has such charm thanks to the slender Speeltoren (carillon tower) and the classic drawbridges. One of the loveliest bridges is the Kwakel. The partially timbered houses on the Kwakelsteeg and the leaning carillon tower in the distance are the pride of Edam.

Edam debe gran parte de sus encantos a su carillón delgado y sus puentes levadizos clásicos. El Kwakelbrug es uno de los ejemplares más encantadores. Las casitas parcialmente hechas de madera en el Kwakelsteeg y la torre del carillón en su prolongación también forman parte del orgullo de Edam.

Своим очарованием Эдам обязан изящной колокольне с курантами и античным подъёмным мостам. Квакелбрюг-один из самых грациозных мостов из всех. Построенные частично из дерева домики на Квакелстейге (Kwakelsteeg) и покосившаяся от времени башня с музыкальным карийоном по ходу улочки, являются гордостью Эдама.

Marken is al sinds 1957 geen eiland meer. Maar de Markerwaard, die hier zou komen en waarvoor een dijk werd aangelegd, kwam er niet. Sindsdien is de aanvoer van talloze toeristen per bus veel gemakkelijker.

Marken n'est plus une île depuis 1957. Mais le nouveau polder de Marken, qui avait été annoncé et pour lequel la digue a été construite, n'a pas été créé. Depuis, les nombreux touristes viennent en bus, ce qui est beaucoup plus facile.

Marken ist schon seit 1957 keine Insel mehr. Aber die neue Marker-waard, die hier nach der Einpolderung eines weiteren Stückes des IJsselmeers entstehen sollte und für die der neue Deich angelegt wurde, wurde nie Realität. Seitdem ist der Transport von zahllosen Touristen per Bus nach Marken erheblich vereinfacht.

Marken ⇧

Marken no es más una isla desde 1957. Pero el nuevo pólder Markerwaard, que fue planeado y para el cual se construyó un dique, nunca se creó. Pero desde entonces, el transporte de innumerables turistas sí se ha hecho más fácil.

С 1957 года Маркен уже не считается островом. Новый польдер Маркерваард, который должен был вырасти здесь и для которого была возведена дамба, так и не появился. Но с тех пор стало легче перевозить туда автобусом многочисленных туристов.

⇩ Kerkbuurt

Marken has not been an island since 1957. But the new Markerwaard, that was planned and for which a new dike was even built, never arrived. Since then it has been much easier to transport countless tourists to this village by bus.

Volendam is ongetwijfeld de grootste toeristische trekpleister in de regio. Achter de toeristische buitenkant gaat het leven in Volendam gewoon door. Met veel muziek in diverse popgroepen en bands. De hechte dorpsgemeenschap is trots op zijn eigen betaalde voetbalclub. Op de ijsbaan in de winter zijn er heel wat minder toeristen te zien!

Sans aucun doute Volendam est le principal pôle d'attraction de la région. Derrière les activités touristiques, au village, la vie continue. Les villageois sont fiers de leurs nombreux groupes pop et orchestres, ainsi que de leur club professionnel de football. En hiver, à la patinoire, les touristes se font plus rares !

Volendam ist zweifellos das zugkräftigste touristische Zentrum der Region. Hinter der touristischen Fassade geht das Leben in Volendam eben seinen normalen Gang und dies mit viel Musik in verschiedenen Popgruppen und Bands. Die enge Dorfgemeinschaft ist auch stolz auf den eigenen Profifußballverein. Im Winter auf der Schlittschuhbahn ist die Zahl der Touristen um einiges geringer!

Volendam is by far the region's most popular tourist attraction. Behind the tourist facade, life in Volendam goes on as it has for centuries. Their musical heritage continues in the form of various pop groups and bands. The close village community is also proud of its own paid football club. There are a lot fewer tourists on the skating rink in the winter!

Sin duda alguna, Volendam es la atracción turística más grande de la región. Detrás de esta fachada turística, continúa la vida diaria. Con mucha música de varios bandas y grupos pop. La comunidad del pueblo está muy orgullosa de su propio club de fútbol profesional. ¡Durante el invierno, sin embargo, no se ven muchos turistas en la pista de patinaje!

Фолендам, несомненно, является наиболее популярной туристической достопримечательностью этого района. За внешней стороной для туристов, скрывается обычная, идущая своим чередом, жизнь жителей Фолендама, сопровождаемая музыкой различных местных поп-групп и оркестров. Сплочённая община деревни гордится своим платным футбольным клубом. Зимой, на ледяной дорожке, не встретишь уже много туристов!

De wortels van de Nederlandse koloniale macht liggen in Hoorn. Het standbeeld van Jan Pietersz. Coen, zoon van die stad en grondlegger van de macht van de Verenigde Oost-Indische Compagnie, staat dan ook hier. Hij staat met zijn rug naar het Westfries Museum. Aan de kade waakt sinds 1532 de markante, halfronde hoofdtoren.

C'est ici que se trouvent les racines de l'empire colonial néerlandais, ainsi que la statue de Jan Pieterszoon Coen, qui est né dans cette ville et qui a contribué à la puissance de la Compagnie des Indes orientales. Sa statue se dresse devant le Musée de la Frise-Occidentale (Westfries Museum). Depuis 1532, la Hoofdtoren, une tour en demi-cercle, surveille toujours l'entrée du port.

Die Wurzeln der niederländischen Kolonialgeschichte liegen in diesem Ort und das Standbild von Jan Pieterszoon Coen, Sohn dieser Stadt und Begründer der Macht der Vereinigten Ostindischen Compagnie, ist daher ebenfalls hier zu finden. Er steht mit seinem Rücken zum Westfriesischen Museum. Am Kai hält noch immer, seit 1532, der markante halbrunde Hauptturm die Wacht.

The roots of the Dutch colonial power lie here and the statue of Jan Pietersz. Coen, son of the city and founder of the power of the United East India Company are also here. He is standing with his back to the Westfries Museum. The remarkable half-round main tower still watches over the quay as it has since 1532.

El imperio colonial holandés tiene sus raíces en Hoorn. Es aquí donde se encuentra la estatua de Jan Pieterzoon Coen, que nació en el pueblo y que fue el fundador del poder de la Compañía de las Indias Orientales. Él se encuentra de espaldas al museo friso occidental. Desde 1532 vela la destacada torre principal en el muelle.

Корни колониальной власти Нидерландов лежат в Хоорне. Памятник Яну Питерзону Куну, сыну этого города, положившему начало росту могущества Объединённой Ост-Индской компании, также находится здесь. Он стоит спиной к Вестфризкому музею. На набережной с 1532 года несёт караул необычная, сделанная полукругом, главная башня.

⇧ Spui

Naviduct ⇨

Alle charme van de oude Zuiderzee is hier bijeengebracht in het Zuiderzeemuseum. Vroeger was Enkhuizen vooral bekend om zijn visvangst. Aan de voet van de Dromedaris lossen de vissers nog steeds flinke visvangsten.

Tout le charme du Zuiderzee se retrouve ici, dans le Musée du Zuiderzee. Autrefois, Enkhuizen était surtout célèbre pour ses activités de pêche. Si les pêcheurs débarquent toujours de formidables prises au pied du Dromedaris.

Der ganze Charme der früheren Zuiderzee, des heutigen IJsselmeers, wird hier im Zuiderzeemuseum wieder lebendig. Früher war Enkhuizen vor allem für den Fischfang bekannt. Am Fuße des Dromedaris-Turms, einst zu Verteidigungszwecken erbaut, löschen die Fischer noch immer ordentliche Mengen Fisch.

All the charm of the old Zuider Sea has been brought together in the Zuider Sea Museum. In the past Enkhuizen was primarily known for its fish. At the foot of the Dromedaris the fishermen still unload their sizable catches.

Todos los encantos del Zuiderzee antiguo están unidos en el museo del Zuiderzee. Antiguamente Enkhuizen fue conocido por su pesca. Al pie del Dromedaris los pescadores todavía descargan sus considerables pescas.

Вся прелесть бывшего Зёйдерзее собрана здесь воедино в Зёйдерзее музее. Раньше Энкхёйзен славился прежде всего своим рыболовством. Но и по сей день, у подножия «Дромедариса», рыбаки разгружают свои все еще крупные уловы.

Even ten noorden van Alkmaar ligt het tuindersdorp Broek op Langedijk. In dit waterrijke gebied werden al vanaf 1851 de landbouwproducten met vletten varend in en door de veilingzaal vervoerd. Kooplieden konden in de veilingzaal hun bod uitbrengen en aan de buitenzijde van de veiling de gekochte producten op eigen vervoer overladen.

Juste au nord d'Alkmaar se trouve le village de maraîchers Broek op Langedijk. La région est riche en eau et dès 1851 les produits agricoles étaient transportés par barques dans la salle des ventes. Les marchands pouvaient faire leur offre dans la salle des ventes et, à l'extérieur de la salle, transborder les produits achetés sur leur propre embarcation.

Etwas nördlich von Alkmaar liegt das Gartenbaudorf Broek auf Langedijk. In diesem wasserreichen Gebiet wurden die Landbauprodukte ab 1851 fahrenderweise mit Jollen in und durch den Versteigerungssaal transportiert. Die Kaufleute konnten im Versteigerungssaal ihr Gebot abgeben und draußen die gekauften Produkte auf die eigenen Transportmittel umladen.

Just north of Alkmaar, the village of Broek op Langedijk is surrounded by water. As early as 1851 market gardeners from this area took their produce to auction in punts. They would float their boats through the auction halls, where the bidders were waiting. Coming out the other end, their produce would be unloaded onto the buyer's own means of transport.

Un poco al norte de Alkmaar, se encuentra el pueblo hortelano Broek op Langedijk. En esta región rica en corrientes de agua se transportaron desde 1851 productos agrícolas en botes hasta la sala de subastas. Los comerciantes podían hacer una puja en la sala y después transbordar al exterior de la subasta su compra en su propio transporte.

Немного севернее Алкмара находится посёлок садоводов Брук оп Лангедайк. Издавна, с 1851 года, в этом богатом водой районе, загруженные сельскохозяйственными продуктами баржи, проплывали сквозь зал аукциона, где купцы могли предложить свою цену за товар, а на выходе из аукциона, перегружали купленный ими товар на свой транспорт.

Bij Alkmaar begint de Victorie. Hier werden de Spanjaarden in 1573 voor het eerst verslagen. Alkmaar nu is vooral bekend door de kaasmarkt op vrijdag. Geheel volgens een oude, ceremoniële traditie.

'C'est à Alkmaar que commence la victoire' dit-on aux Pays-Bas aux gens en difficulté. C'est ici qu'en 1573, les Espagnols furent vaincus pour la première fois. Aujourd'hui, Alkmaar est surtout connue pour son marché au fromage, qui se tient le vendredi. Les lots sont vendus selon une cérémonie traditionnelle longue et compliquée.

Bei Alkmaar begann der Siegeszug. Hier wurden 1573 die Spanier zum ersten Mal geschlagen. Alkmaar ist heute vor allem für seinen freitäglichen Käsemarkt bekannt. Ganz nach einer alten, zeremoniellen und umständlichen Tradition.

Victory begins near Alkmaar. The Spaniards were beaten here for the first time in 1573. Today Alkmaar is primarily known for its cheese market on Fridays. Entirely according to an old, ceremonial and complicated tradition.

Se dice que en Alkmaar comienza la Victoria porque fue en 1573 que aquí por primera vez los holandeses vencieron a los españoles. Ahora Alkmaar se conoce sobre todo por el mercado de quesos, una antigua tradición ceremonial, que es todos los viernes.

Победа начинается у Алкмара. Здесь впервые потерпели своё поражение испанцы в 1573 году. Алкмар в настоящее время, прежде всего, известен своими сырными аукционами по пятницам. Они проходят полностью согласно старой, церемониальной традиции.

Kaasmarkt ⇧

Na de St. Elizabethsvloed van 1421 werd de Noordzee tussen Kamperduin en Petten buitengesloten door middel van de Hondsbosse Zeewering. Sinds kort worden de zee en de natuur weer binnengehaald met een kunstmatig aangelegde slufter.

Après la catastrophe de la Sainte-Elisabeth, en 1421, on arrêta la mer du Nord entre Kamperduin et Petten en construisant la digue de Hondsbos. De nos jours, un chenal laisse de nouveau libre cours à la mer et à la nature.

Nach der St.Elisabethflut von 1421 wurde die Nordsee zwischen Kamperduin und Petten durch den Bau der 'Zeewering', als einer Art Küstenbefestigung, in Hondsbosse ausgeschlossen. In unseren Tagen werden Meer und Natur durch "Slufter", prielähnliche Wasserkanäle, die bis in die Dünen reichen können, wieder hereingebeten.

After the St. Elizabeth flood of 1421 the North Sea between Kamperduin and Petten was closed by the Hondsbosse Sea Wall. In our times the sea and nature are brought in again through a sea inlet.

Después del flujo catastrófico de Santa Elizabeth de 1421, el mar del Norte se cerró entre Kamperduin y Petten con la fortificación marítima Hondsbosse. Desde hace poco, el mar y la naturaleza tienen otra vez vía libre por una apertura artificial en la fila de dunas ('Slufter').

После штормового наводнения Св.Елизаветы в 1421 году, Северное море было перекрыто при помощи морской дамбы Хондсбосс, между Кампер дюной и Петтеном. С недавнего времени море снова имеет доступ в специально проложенную заводь. Природный баланс восстановлен.

In de poldergebieden van Noord-Holland komen veel eilanden voor.

Les régions poldérisées de la Hollande Septentrionale comptent un grand nombre d'îles.

Den nordholländischen Poldergebieten beherbergen viele Inseln.

The polder areas in North-Holland are studded with islands, sometimes as far as the eye can see.

Hay muchos islotes en las regiones de pólderes de la Holanda Septentrional.

В районах польдеров Северной Голландии встречается много островов.

⇧ Kasteel Radboud

Ook voor Medemblik werd de pleziervaart van groot belang. Het Kasteel Radboud beheerst al eeuwen de haveningang. Een bloemperk toont de oude omvang. Floris V liet dit aan het eind van de 13de eeuw bouwen om de Westfriezen onder de Hollandse duim te houden.

A Medemblik, la navigation de plaisance a pris beaucoup d'importance. Le château de Radboud surveille toujours l'entrée du port. Un parterre de fleurs témoigne de ses dimensions passées. Floris V le fit construire à la fin du 13ème siècle pour tenir en bride les habitants de la Frise occidentale.

Auch für Medemblik gewannen die Vergnü-gungsfahrten sehr wichtig. Das Kastell Radboud beherrscht noch immer die Hafeneinfahrt. Ein Blumenbeet deutet seinen früheren Umfang an. Floris V. ließ es zu Ende des dreizehnten Jahr-hunderts bauen, um die Westfriesen die Macht der herrschenden Holländer spüren zu lassen.

Pleasure boating is also of major importance for Medemblik. The Castle Radboud still guards the harbour entrance. A flowerbed shows the former size. Floris V had the castle built at the end of the thirteenth century to keep the West Frisians under Dutch control.

La embarcación de recreo también se hizo muy importante para Medemblik. Desde hace ya siglos, el castillo Radboud domina la entrada del puerto. El macizo muestra sus dimensiones anti-guas. A fines del siglo trece, Floris hizo construir el castillo para poder tener a los habitantes de la Frisia Occidental bajo su puño holandés.

Плавание на прогулочных судах имеет большое значение и для Медемблика. Уже столетиями царит Радбаудский замок (Radboud) перед входом в гавань. Цветочная клумба тех же размеров, как и прежде. Замок был построен в конце тринадцатого века Флорисом V с целью держать фрисландцев на западе под контролем Голландии.

Op 28 mei 1932 werd de Afsluitdijk gesloten en ontstond er een snelle verbinding tussen de provincies Friesland en Noord-Holland. De geestelijke vader van het plan, Ir. Lely, kreeg hier een standbeeld.

La digue de fermeture ou Afsluitdijk a été achevée le 28 mai 1932. Elle relie la Frise et la Hollande-Septentrionale. La statue du père spirituel du plan, l'ingénieur Lely, se trouve à l'entrée de la digue.

Am 28. Mai 1932 wurde der Afsluitdijk, der die Zuiderzee von der Nordsee trennte, geschlossen. Dadurch entstand zwischen den Provinzen Friesland und Noord-Holland eine schnelle Verbindung. Dem geistigen Vater des Vorhabens, Ingenieur Lely, wurde hier ein Denkmal gesetzt.

The IJsselmeer Dam (Afsluitdijk) was closed on 28 May 1932 and this produced a fast connection between the provinces of Friesland and North-Holland. A statue of the founder of the plan, Lely, now stands proudly on the dam.

El 28 de mayo de 1932, se cerró el Afsluitdijk (dique de cierre) y se formó una comunicación rápida entre las provincias de Frisia y de Holanda Septentrional. Se hizo una estatua en el dique del ingeniero Lely, creador del plan.

28 мая 1932 года замкнулась дамба Афслёйтдейк и создала возможность быстрого сообщения между провинциями Фрисландией и Северной Голландией. Здесь был поставлен памятник идейному отцу этого плана, инженеру Лели.

58 Waddenzee

Deze beelden van de Waddenzee zijn waarschijnlijk door niet al te veel mensen waargenomen. Vliegend op geringe hoogte van Ameland naar Terschelling kunnen wij aan de noordoostzijde van Terschelling dit adembenemende landschap zien. Door de invloed van eb en vloed en het droogvallen van delen van het Wad ontstaat dit fraaie beeld.

Certainement peu de gens auront déjà vu ces images de la mer des Wadden (Waddenzee). En volant à basse altitude d'Ameland vers Terschelling, on peut admirer ce paysage époustouflant au nord-est de Terschelling. Ce spectacle imposant est créé sous l'influence du flux et reflux des marées et du retrait partiel des eaux du Wad.

Diese Bilder vom Wattenmeer wurden wahrscheinlich noch von nicht all' zu vielen Menschen wahrgenommen. Auf geringer Höhe von Ameland nach Terschelling fliegend können wir an der Nordostseite von Terschelling diese atemberaubende Landschaft sehen. Durch den Einfluss von Ebbe und Flut und das Austrocknen von Teilen vom Watt entsteht dies schöne Bild.

Not many people have seen the Waddenzee from this angle. Flying at a low height from the isle of Ameland to the isle of Terschelling, a breathtaking landscape unfolds towards the northeast. The 'wadden' are an area of tidal mudflats, whose unique features are shaped by the rhythm of high and low tides.

Sin duda hay poca gente que ha visto estas imágenes del mar de Frisia (Waddenzee). Se puede admirar este paisaje impresionante en la parte nordeste de la isla de Terschelling volando a poca altura desde la isla de Ameland. Esta imagen hermosa surge por la influencia del flujo y reflujo de mareas y la detención parcial de agua del Wad.

Наверняка, возможность увидеть такую панораму Ваддензее была не у многих. При перелете на небольшой высоте из Амеланда в Терсхеллинг, перед нами открывается захватывающий дух вид ландшафта с северо-восточной стороны от Терсхеллинга. Такой чарующий глаз пейзаж возникает под влиянием приливов и отливов, а также от образования отмелей.

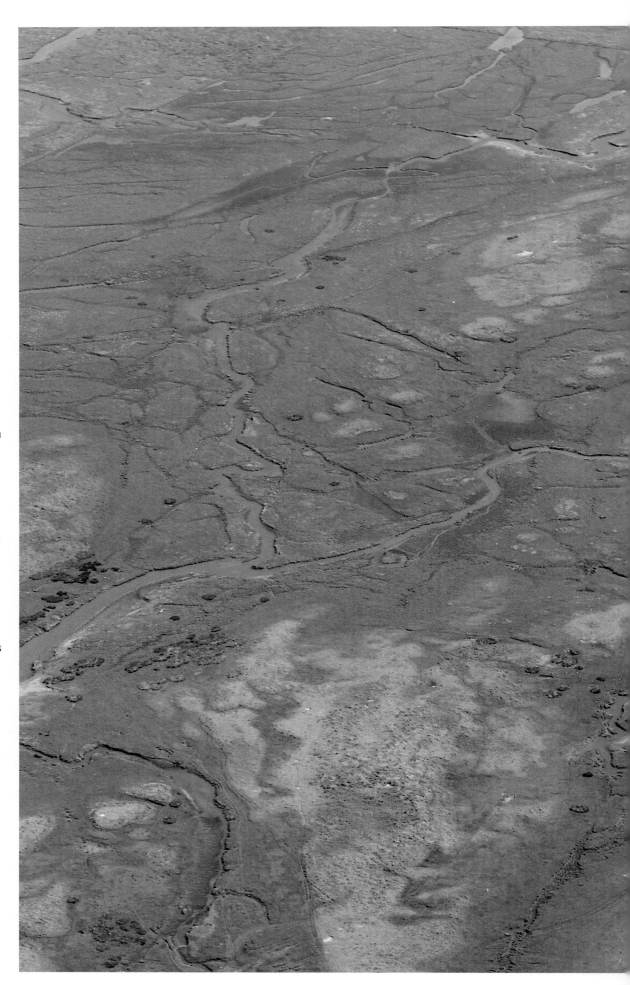

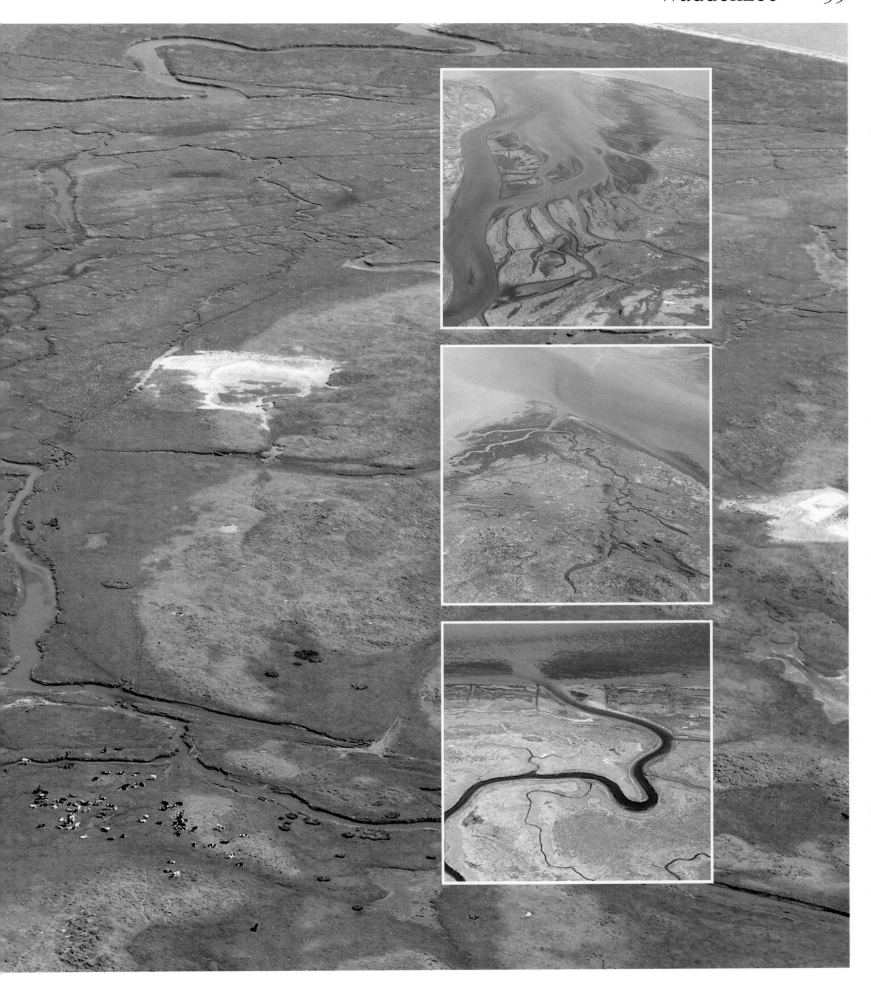

Het enige dorp op het 21 km lange eiland is Oost-Vlieland, het westen herbergt een enorme zandplaat. Vroeger was het eiland hét verzamelpunt voor zeevarenden die naar de Oostzee of de Atlantische Oceaan gingen.

Oost-Vlieland est le seul village de cette île de 21 km de long. A l'Ouest s'étire une immense étendue de sable. Autrefois, l'île était le point de rassemblement des marins en partance pour la mer Baltique ou l'océan Atlantique.

Auf der 21 km langen Insel ist Oost-Vlieland das einzige Dorf, der Westen ist eine riesige Sandbank. Früher war die Insel Sammelpunkt für Seefahrer, die in Richtung Ostsee oder Atlantischer Ozean in See stachen.

East-Vlieland is the only village on the 21 kilometres long island. The west of the island is a large sandbank. It used to be a gathering point for ships on their way to the East Sea or the Atlantic Ocean.

La isla de Vlieland - con una longitud de 21 kilómetros - tiene un sólo pueblo: Oost-Vlieland. La parte oeste es un gran banco de arena. Anteriormente la isla fue el punto de reunión para los navegantes que embarcaban hacia el mar Báltico o hacia el Atlántico.

Ост-Флиланд - единственный населённый пункт на острове длинной в 21 километр. На западе острова находится огромная песчаная бáнка. В прежние времена здесь было место сбора мореходов, уходивших в плавание по Балтике или Атлантическому океану.

De eilandgemeente tussen Vlieland en Ameland ligt zo'n 15 tot 20 kilometer uit de Friese noordwestkust. De Brandaris, genoemd naar de Ierse abt St. Brandaan, is het kustwachtcentrum voor het waddengebied.

Le territoire insulaire situé entre Vlieland et Ameland se trouve à une quinzaine de kilomètres de la côte du nord-ouest de la Frise. Le Brandaris (qui doit son nom à l'abbé irlandais saint Brandaan) est le centre de surveillance côtière de toute la région des Wadden.

Die Inselgemeinde zwischen Vlieland und Ameland ragt ca. 15 bis 20 km aus der friesische Nordwestküste heraus. Brandaris (benannt nach dem irischen Abt. St. Brandaan) ist das Küstenwachtzentrum für das gesamte Wattengebiet.

The island Terschelling is located between the island Vlieland and Ameland. It is around 15 to 20 kilometres north west of the Friesian mainland coast. The Light House 'Brandaris' was named after the Irish Abbot St. Brandaan. The Brandaris accommodates the coastguard centre for the whole Wadden Island area.

El territorio insular entre la isla de Vlieland y la isla de Ameland se encuentra a unos 15 a 20 kilómetros de la costa nordeste de Frisia. El centro de la guardia costera de la región de las Islas Frisias (Wadden) es el faro Brandaris, llamado así por el abad irlandés, San Brandaan.

Остров Терсхеллинг расположен между островами Флиланд и Амеланд, примерно в пятнадцати-двадцати километрах от северо-западного побережья Фрисландии. Маяк «Брандарис», назван так в честь ирландского аббата святого Брандана и является центром береговой охраны всего района островов.

Harlingen was always an important sea port, but its importance has sharply increased since the construction of the IJsselmeer Dam (Afsluitdijk). The port is always busy with traffic that uses the ferry service to Terschelling and Vlieland.

Harlingen siempre ha sido un puerto marítimo importante, pero después de la construcción del Afsluitdijk (dique de cierre) su importancia ha crecido mucho. En el puerto siempre hay mucho ir y venir del transporte que debe servirse de los barcos transbordadores de las islas Terschelling y Vlieland.

Харлинген всегда считался важным морским портом, но после возведения дамбы Афслёйтдейк (Afsluitdijk) его значение значительно возросло. В порту не прекращается постоянное движение транспорта, прибывающего сюда, чтобы воспользоваться услугами паромов, идущих на острова Терсхеллинг и Флиланд.

Harlingen was altijd al een belangrijke zeehaven, maar sedert de aanleg van de Afsluitdijk is zijn belang sterk toegenomen. In de haven is het altijd een komen en gaan van het verkeer dat van de veerboten naar Terschelling en Vlieland gebruik moet maken.

Harlingen a toujours été un grand port maritime, mais depuis la construction de l'Afsluitdijk, son importance a encore augmenté. Dans le port, c'est une allée et venue incessante de voitures qui montent et descendent des ferry-boats à destination de Terschelling et de Vlieland.

Harlingen war schon immer ein wichtiger Seehafen, aber seit der Beendung des Afsluitdijks (Abschlußdeichs der Zuiderzee) hat sich seine Bedeutung noch erhöht. Im Hafen ist immer ein großes Kommen und Gehen des Verkehrs, der auf die Fähren nach Terschelling und Vlieland muß.

Noorderhaven ⇧

Stadhuis ⇩

⇩ Noorderhaven

⇩ Zuiderhaven

De praktijk heeft aangetoond dat het Ir. Woudagemaal, als de waterstand
- en de nood dus ook - te hoog is, zijn mannetje staat. Met de originele
stoommachines kan men circa 4000 m³ water per minuut wegmalen.

Comme elle l'a déjà démontré, la station Ir. Wouda, de Lemmer, peut toujours être utilisée en cas d'urgence, lorsque le niveau des eaux monte trop.
Toutes ses machines à vapeur fonctionnent et peuvent pomper quelque
4000 m³ par minute.

Das Ing. Wouda-Dampfschöpfwerk in Lemmer hat, wenn der Wasserstand
- und also auch die Not - hoch war, seine Aufgabe immer wieder glänzend
gemeistert und bewiesen, noch voll funktionstüchtig zu sein. Also die gesamte Anlage, samt Dampfmaschinen. Es lassen sich etwa 4000 m³ Wasser pro
Minute wegpumpen.

The Ir. Wouda pumping-station at Lemmer can be put into full service
whenever the water level is too high. This has been necessary in the past,
with the full use of the steam engines. It is possible to pump away 4000 m³ of
water per minute.

La práctica ya ha mostrado que la instalación de bombeo 'Ingeniero Wouda'
funciona muy bien en caso de emergencia, cuando el nivel del agua está
demasiado alto. Con las máquinas de vapor originales se pueden bombear
4000 metros cúbicos de agua por minuto.

Практика доказала, что насосная станция инженера Вауда
(Ir.Woudagemaal), даже при высоком уровне воды, а значит, и
опасности, с честью выдерживает испытание. Подлинные паровые
машины могут откачивать приблизительно 4000 м³ в минуту.

Pleziervaartuigen onderweg van het Slotermeer naar het Heegermeer moeten langs Woudsend. De ophaalbrug in het centrum staat 's zomers dan ook meer open dan dicht. Woudsend ligt ook op de route van de Elfstedentocht.

Les bateaux de plaisance qui se rendent du lac Slotermeer au lac Heegermeer, doivent traverser Woudsend. Le pont-levis situé au centre, est en été plus souvent ouvert que fermé. Woudsend se trouve sur la route du Elfstedentocht (le tour des onze villes, une course en patins à glace).

Ausflugsdampfer auf dem Weg vom Slotermeer zum Heegermeer müssen durch Woudsend fahren mit einer Klappbrücke im Stadtzentrum, die im Sommer häufiger offen als geschlossen ist. Darüber hinaus liegt Woudsend auch auf der Route der berühmten Elfstedentocht, des Eisschnelllaufs, der die Teilnehmer durch elf Städte der Provinz Friesland führt.

Pleasure craft on their way from one lake, Slotermeer, to another, Heegermeer, have to pass through Woudsend. During the summer season, the lift bridge in the centre is more often open than closed. Woudsend is also one of the cities through which the famous eleven-city skating tour passes.

Las embarcaciones de recreo que están en el camino del lago Slotermeer al lago Heegermeer pasan por Woudsend. Durante el verano, el puente levadizo en el centro está más veces abierto que cerrado. Woudsend se encuentra también en la ruta del maratón de patinaje sobre hielo por once pueblos de Frisia (Elfstedentocht).

Прогулочные яхты на своём пути из одного озера, Слотермеер, в другое, Хеегермеер, должны пройти через Ваудсенд. В летний период подъёмный мост чаще поднят, чем опущен. Ваудсенд также один из городов, через который проходит маршрут известного конькобежного марафона по одиннадцати городам.

De Oldehove is al vanaf het begin een zorgenkind geweest. Al tijdens de bouw omstreeks 1530, verzakten de fundamenten. De vijfbeukige kerk werd al in 1595 afgebroken en de toren werd nooit afgebouwd. En zo bleef hij stomp. Vanwege de bouwtechnische consequenties worden de zware klokken zelden geluid.

L'Oldehove a posé des problèmes dès sa naissance. Mais dès travaux de construction entamés vers 1530, les fondations se sont tassées. L'église à cinq nefs a été détruite en 1595 et la tour n'a jamais été terminée. C'est ainsi qu'elle est restée plate. Vu les problèmes architecturales, les lourdes cloches sont rarement sonnées.

Der Oldehove-Turm war bereits von Anfang an ein Sorgenkind. Bereits während des Baus um 1530 sackten die Fundamenten weg. Die fünfschiffige Kirche wurde bereits 1595 abgerissen und der Turm wurde nie fertiggestellt. Und somit blieb er ohne Spitze. Im Hinblick auf die bautechnischen Konsequenzen werden die schweren Glocken selten geläutet.

The Oldehove has been a problem child from the beginning. But whilst still under construction in about 1530, the foundations subsided. The five-aisle church was demolished in 1595 and the tower was never finished. The heavy bells are seldom rung for reasons of safety.

Desde el principio Oldehove ha sido una preocupación constante; durante su construcción alrededor de 1530, se hundieron los cimientos. En 1595 tuvieron que derruir la iglesia de cinco naves y nunca terminaron la torre; por eso es chata. Muy pocas veces tocan las pesadas campanas, ya que esto puede acarrear graves consecuencias técnicas y constructivas.

С самого начала её постройки, церковь Олдехове (Oldehove) была предметом постоянных забот. Примерно в 1530 году, во время её строительства, фундамент дал осадку. Состоявшее из пяти нефов помещение, было снесено уже в 1595 году, а строительство башни не было доведено до конца. Она так и осталась без шпиля. По строительно-техническим причинам, звон её тяжелых колоколов раздаётся не часто.

Skûtsjes zijn de traditionele vracht-schepen zonder motor. Tegenwoor-dig zijn de skûtsjes alleen nog in gebruik voor wedstrijden die op de Friese meren worden gehouden.

Skûtsjes sind die traditionellen Frachtschiffe ohne Motor. Heute werden diese Skûtsjes nur noch bei Wettstreiten benutzt, die auf den friesischen Seen abgehalten werden.

Les skûtsjes sont les bateaux de marchandises traditionnels sans moteur. Aujourd'hui, les skûtsjes sont encore utilisés uniquement pour les concours organisés sur les lacs frisons.

Skûtsjes are traditional cargo ships without an engine. At present the ships are only ever used at sailing races on the lakes of Friesland.

Los skûtsjes, los antiguos veleros chatos de origen frisón no tienen motor. Hoy día sólo se utilisan los skûtsjes durante la famosa regata en los lagos frisones.

Скутче - это традиционное грузовое безмоторное судно. В настоящее время скутчи используются только для соревнований, которые проводятся на озёрах Фрисландии.

The village of Marssum, sitting on top of an artificial dwelling mound or 'terp', is home to one of the most splendid manors in the province of Friesland: Poptaslot or Heringastate. Adjacent to the manor is the picturesque complex of almshouses which Dr Popta built for unmarried women without means of their own.

En el pueblo de Marssum que se encuentra en una loma artificial, está una de las casas más bonitas de la nobleza de la provincia de Frisia: el castillo Poptaslot, también llamado la hacienda Heringastate. Justo al lado del castillo hay un pintoresco beaterio o patio interior con casitas simpáticas construidas por el doctor Popta para mujeres solteras sin recursos.

In het Friese terpdorp Marssum vinden we nog een van de fraaiste adellijke huizen waar Friesland rijk aan is: het Poptaslot ook wel Heringastate genoemd. Direct naast het slot bevindt zich een schilderachtig hofje met vriendelijke huisjes dat in opdracht van dr. Popta werd gebouwd voor onbemiddelde en alleenstaande vrouwen.

Le village de tertre Marssum abrite l'un des plus beaux châteaux seigneuriaux de Frise : le Poptaslot ou Heringastate. Juste à côté du château se trouve une petite cour pittoresque avec des maisons charmantes, construites sur l'ordre du Dr Popta pour des femmes seules et sans ressources.

In dem friesischen Warftdorf Marssum finden wir eines der schönsten adeligen Häuser, die Friesland besitzt: das Poptaschloss, auch manchmal Heringastate genannt. Direkt neben dem Schloss befindet sich ein malerischer kleiner Hof mit freundlichen Häuschen, der im Auftrag von Dr. Popta für mittellose und alleinstehende Frauen gebaut wurde.

В Марссуме, фрисландской деревне на искусственных курганах, называемых терпами, мы до сих пор ещё можем встретить роскошные особняки аристократов, которыми богата Фрисландия. Один из них Поптаслот, который также называют Херингастате. Непосредственно рядом с замком находится живописный дворик с приветливыми домиками, построенными по поручению доктора Попты для неимущих и одиноких женщин.

Het kloppend watersporthart van Friesland bevindt zich in Sneek. De stad wordt omgeven door meren, plassen en poelen. Jaarlijks wordt begin augustus de Sneekweek gehouden met als hoogtepunt de hardzeildag.

Sneek avec les lacs, ses étangs et ses bassins le centre frison des sports nautiques. Tous les ans, au début du mois d'août, a lieu la Grande semaine de Sneek (Sneekweek), dont le point culminant est une journée de régate.

In Sneek pulsiert das Wassersportherz von Friesland. Rundum Seen, Tümpel und Pfuhle. Jährlich wird Anfang August die Sneek-Woche (Sneekweek) mit dem Regattasegeltag als Höhepunkt abgehalten.

Sneek is the centre of the thriving world of watersports in Friesland. It is surrounded by large and small lakes. Every year, at the beginning of August, the Sneekweek is held with many activities. The highlight is of course the sailing regatta.

El palpitante corazón acuático de Frisia se encuentra en Sneek. La ciudad está rodeada de lagos, charcos y balsas. Todos los años, en agosto hay una semana de Sneek (Sneekweek), que tiene su apogeo en el día de navegación rápida a vela.

Снеек- это бьющееся сердце водного спорта Фрисландии. Город окружён большими и маленькими озёрами, прудами. Каждый год в начале августа здесь устраивается Снееквеек: неделя парусного спорта, гвоздём программы которой является парусная регата.

Groningen, Stad en Ommelanden, maar dit is de stad. Universiteitsstad en centrum van het noorden van Nederland. Statig verheft zich de Martinitoren boven de huizen van de stad.

Groningue, ville et province. Il s'agit ici de la ville. Abritant l'université, c'est incontestablement le coeur du nord des Pays-Bas. Sa tour, la Martinitoren, se dresse fièrement au-dessus des maisons.

Groningen, so heißen Stadt und Provinz, aber dies ist die Stadt. Universitätsstadt und eindeutig das Zentrum des Nordens der Niederlande. Würdevoll erhebt sich der Martiniturm über den Häusern der Stadt.

⇐ Groninger Museum

Groningen refers to both Stad and Ommelanden (City and Surroundings), but this section is about the city. Groningen is a university city and forms the unmistakable centre of the entire northern part of the Netherlands. The Martini Tower rises majestically above the houses.

⇧ Pepergasthuis

Groningen, nombre de la ciudad y de sus alrededores. Aquí se ve la ciudad; centro universitaria y corazón del norte de los Paises Bajos. Su torre Martinitoren se alza destacadamente por encima de las casas.

Гронинген, название как города так и провинции, но сначала немного о городе. Гронинген- университетский город и центр северных Нидерландов. Башня церкви, Мартиниторен, величественно возвышается над домами города.

⇧ Martinitoren

De oude vesting Bourtange is zoveel
mogelijk hersteld en gerecon-
strueerd. Een eerbewijs van onze
tijd aan al die forten- en schansen-
bouwers uit het verleden. Vooral in
vogelvluchtperspectief is dat een
imponerend gezicht.

La place forte de Bourtange a été
restaurée et reconstruite du mieux
possible. C'est un hommage aux
constructeurs de forteresses et de
fortifications. Vue du ciel notamment, il s'agit d'un édifice imposant.

Die alte Festung Bourtange wurde
so exakt wie möglich wiederaufgebaut und rekonstruiert. Eine
Huldigung unserer Zeit an all die
Festungs- und Schanzenerbauer ver-
gangener Zeiten. Vor allem aus der
Vogelschau bietet die Festung einen
beeindruckenden Anblick.

The old fortress of Bourtange has
been painstakingly restored to its
original state, which is a modern-
day sign of respect to all the fort and
entrenchment builders from the past.
It is an especially imposing sight
seen from the sky.

La fortaleza antigua de Bourtange
ha sido restaurada dentro de lo
posible y reconstruída.Un homenaje
de nuestro tiempo a todos los que
construyeron todas esas fortalezas y
fortificaciones. La perspectiva aérea
nos da una imagen impresionante.

Старая крепость Буртань была
приведена в первозданый
вид, насколько это было
возможно. Дань уважения
наших современников всем
строителям укреплений и
шанцев из прошлого. Особенно
внушительно это выглядит с
высоты птичьего полёта.

De forteresse Blokzijl lag vroeger direct aan de Zuiderzee. Maar in 1942 werden de dijken van de Noordoostpolder gesloten zodat het havenstadje ver van open water kwam te liggen. Rondom de binnenhaven scharen zich fraaie koopmanshuizen. De fraaie toren is een van de eerste protestantse kerken van Nederland.

La forteresse de Blokzijl était autrefois située en bordure du Zuiderzee. Mais lorsque les digues du polder du Nord-Est furent fermées, en 1942, le petit port se trouva soudain éloigné de la mer. Autour du port intérieur se dressent de belles maisons de négociants. La belle tour appartient à la première église protestante des Pays-Bas.

Die Festung Blokzijl lag früher unmittelbar an der Zuiderzee. 1942 jedoch wurden die Deiche des Nordost-Polders geschlossen, so dass die Hafenstadt heute weit vom offenen Wasser entfernt liegt. Rund um den Binnenhafen befinden sich schöne Kaufmannshäuser. Der schöne Turm gehört zu der ersten als protestantisch erbaute Kirche der Niederlande.

The fortress Blokzijl used to be located directly along the Zuiderzee. In 1942 the dykes of the North East polder were closed causing the small harbour town to be no longer near open water. Surrounding the inner harbour you can see very nice looking old merchant houses. The beautiful tower you can see in the sky-line belongs to the first protestant churches built in the Netherlands.

Antiguamente la fortificación de Blokzijl se encontraba en las orillas del Zuiderzee. Pero en 1942, cerraron los diques del pólder Nordeste, de modo que la pequeña ciudad portuaria se sitúa a mucha distancia de las aguas abiertas. Alrededor del puerto interior se reunen algunas hermosas casas de comercio. La bella torre es una de las primeras iglesias protestantes de los Paises Bajos.

Крепость Блокзейл раньше находилась непосредственно на заливе Зёйдерзее. В 1942 году были перекрыты дамбы северо-восточного польдера и портовый городок оказался далеко от воды. Вдоль внутренней гавани выстроились в ряд красивые дома купцов. Живописная башня является одной из первых протестантских церквей в Нидерландах.

Urk was vroeger een eiland. Geen plek heeft meer weet gehad van de omvorming van Zuiderzee tot IJsselmeer. De visserij is gebleven, evenals de karakteristieke kleding en het sfeervolle gezang van het Urker Mannenkoor

Autrefois, Urk était une île. Aucun autre village n'a vu de si près le Zuiderzee se transformer en lac d'Yssel. Les activités de pêche sont restées, ainsi que les costumes traditionnels et les chansons pleines d'ambiance de la Chorale masculine de Urk.

Urk war früher einmal eine Insel. Keine Stelle hat die Umbildung der Zuiderzee zum IJsselmeer näher erlebt als Urk. Die Fischerei ist geblieben, ebenso die charakteristische Kleidertracht und der stimmungsvolle Gesang des Urker Männerchores.

Urk used to be an island. No other place has felt the effects of the transformation of Zuiderzee into the IJsselmeer more. The fishing industry has remained, as well as the characteristic clothing and moving melodies of the Urk Men's Choir.

Anteriormente Urk fue una isla. No hay ningún sitio que haya conocido mejor los efectos de la transformación del mar Zuiderzee al lago IJsselmeer. Sin embargo la pesca continúa, y el traje típico de Urk y el canto acogedor del coro masculino de Urk todavía están vigentes.

Когда-то Урк был островом. Нет другого места, которое бы знало больше о преобразовании залива Зёйдерзее в озеро Эйсселмеер. Без изменения остались только рыболовство, характерная для этого места одежда и трогающее душу пение мужского хора.

Waar eens de Zuiderzee het eilandje Schokland zwaar belaagde, is door de bouw van de Afsluitdijk en de aanleg van de Noordoostpolder een unieke situatie ontstaan. Schokland bevindt zich nu in de Noordoostpolder te midden van uitgestrekte akkers. Voormalige vissershaventjes en vuurtorens die voor de afsluiting van de Zuiderzee een belangrijke rol speelden, liggen nu eenzaam en verlaten in dit 40.000 hectare grote polderlandschap.

A l'endroit même où la Zuiderzee assaillait violemment la petite île Schokland, une situation unique a été créée par la construction de la digue de fermeture de la Zuiderzee (Afsluitdijk). Schokland se trouve aujourd'hui dans le polder du Nord-Est au milieu de vastes champs. Les petits ports de pêcheurs et les phares qui jouaient un rôle crucial avant que la Zuiderzee soit fermée, se retrouvent aujourd'hui seuls et abandonnés dans ce paysage de polders de 40.000 hectares.

Wo einst die Zuiderzee der Insel Schokland übel mitspielte, ist durch den Bau des Abschlussdeiches und das Anlegen des Nordostpolders eine einmalige Situation entstanden. Schokland befindet sich nun im Nordostpolder inmitten von ausgedehnten Äckern. Ehemalige kleine Fischerhäfen und Leuchttürme, die vor der Abgrenzung von der Zuiderzee eine wichtige Rolle spielten, liegen nun einsam und verlassen in dieser 40.000 Hektar großen Polderlandschaft.

Where once the Zuiderzee battered the shores of the isle of Schokland, the building of the Afsluitdijk, the dam which transformed this inland sea into a lake, has created a unique situation. Part of the former sea was reclaimed. In the newly created Noordoostpolder, Schokland is now surrounded by arable land. Fishing ports and lighthouses sit forlornly in this huge polder measuring 99,000 acres.

Donde en otra época el Zuiderzee asedió mucho la islita de Schokland, con la construcción del Afsluitdijk (dique de cierre) y la creación del pólder Nordeste, se creó una situación única: Schokland ahora se encuentra en este mismo pólder en el medio de extensos campos. Pequeños puertos pesqueros y faros antiguos que antes del cierre del Afsluitdijk cobraban importancia, ahora se quedaron solitarios y abandonados en el vasto paisaje de 40.000 hectáreas de pólderes.

Там, где когда-то Зёйдерзее атаковал остров Схокланд, с возведением дамбы Афслёйтдейк и с осушением Северно-Восточного польдера, возникла уникальная ситуация. Схокланд находится сейчас на Северо-Восточном польдере среди простора пахотных полей. Бывшие рыбачьи гавани и маяки, игравшие в своё время большую роль, до перекрытия Зёйдерзее дамбой, стоят сейчас одинокие и заброшенные на этом огромном польдере площадью в 40.000 тысяч гектаров.

Nadat de Noordoostpolder ingericht was, ging men over tot drooglegging van Oostelijk Flevoland (1957) en Zuidelijk Flevoland (1968). In deze polders wordt dag en nacht gewerkt om de gewassen te oogsten en het land voor de volgende oogst in gereedheid te brengen.

Après l'aménagement du polder du Nord-Est, on entreprit l'assèchement de Flevoland-Est (1957) et de Flevoland-Sud (1968). Dans ces polders on travaille jour et nuit pour récolter les produits végétaux et préparer les terres pour la récolte suivante.

Nachdem der Nordostpolder angelegt war, ging man zur Trockenlegung des östlichen Flevolands (1957) und südlichen Flevolands (1968) über. In diesen Poldern wird Tag und Nacht gearbeitet, um die Gewächse zu ernten und die Äcker für die folgende Ernte vorzubereiten.

The next two polders to be reclaimed after the Noordoostpolder were East-Flevoland (1957) and South-Flevoland (1968). Farmers here work hard to harvest their produce and prepare their fields for the next crop.

Depués de la instalación del pólder Nordeste, se han desecado los pólderes Oostelijk Flevoland (1957) y Zuidelijk Flevoland (1968). Allí se trabaja día y noche durante la cosecha de los cultivos y para preparar la tierra para la próxima siembra.

После того, как Северо-Восточный польдер был обустроен, началось осушение и создание новых польдеров Восточной Флеволанд (1957 г.) и Южной Флеволанд (1968 г.). На этих польдерах день и ночь кипит работа по уборке урожая и подготовке земли для следующего сбора урожая.

Veel goed geconserveerde historische gebouwen houden in Kampen de herinnering aan de lange stadsgeschiedenis van de eens welvarende Hanzestad vast. Vroeger heeft Kampen 21 poorten gehad, maar de tand des tijds heeft er maar drie gespaard.

Kampen se comporte comme une ville depuis les temps immémoriaux, mais il est difficile de situer avec précision la date de son accès au rang de ville. Des fouilles archéologiques ont en tout cas mis à jour un site datant du onzième siècle. De nombreux bâtiments historiques bien conservés rappelent la longue histoire de cette ancienne ville hanséatique très prospère.

Zahlreiche gut erhaltene historische Gebäude halten in Kampen die Erinnerung an die lange Stadtgeschichte der einst blühenden Hansestadt wach. Kampen besaß ehemals vermutlich 21 Tore, von denen nur drei die Zeit überdauert haben.

Many well-preserved historic buildings in Kampen still retain the look of a bygone era in the city's history when Kampen was once a prosperous Hansa town. At one time, Kampen had to have 21 gates. Only three are left today.

Los muchos edificios históricos bien conservados de Kampen guardan la memoria de la larga historia de esta ciudad hanseática una vez muy floreciente. Anteriormente Kampen tenía 21 portales, pero sólo tres han resistido a los estragos del tiempo.

Многие из хорошо сохранившихся домов в Кампене, крепко хранят память о долгой истории города, когда-то процветающего торгового Ганзастада. Раньше в Кампен можно было въехать через двадцать одни ворота, но всесокрушающая рука времени сохранила из них только три.

Waren het in vroeger tijden de traditionele molens die men aan de horizon kon waarnemen, nu worden in de polders in toenemende mate moderne windmolens geplaatst die 'schone energie' opwekken. Grote windmolenparken o.a. bij Lelystad, Urk, langs het Gooimeer en het Markermeer en individuele windmolens bij boerderijen zorgen ervoor dat de energievoorziening niet uitsluitend van met fossiele brandstoffen gestookte centrales afhankelijk is.

Dans les polders, les moulins traditionnels que l'on apercevait autrefois à l'horizon sont de plus en plus souvent supplantés par des éoliennes modernes qui génèrent de l'énergie propre. D'immenses parcs d'éoliennes, par exemple à proximité de Lelystad, d'Urk, en bordure du Gooimeer et du Markermeer et des éoliennes individuelles installées par des fermiers veillent à ce que l'approvisionnement énergétique ne soit pas entièrement dépendant de centrales utilisant des combustibles fossiles.

Waren es in früheren Zeiten die traditionellen Mühlen, die man am Horizont wahrnehmen konnte, werden jetzt in den Poldern in zunehmendem Maße moderne Windmühlen errichtet, die 'saubere Energie' erzeugen. Große Windmühlenparks u.a. bei Lelystad, Urk, entlang dem Gooimeer und dem Markermeer und individuelle Windmühlen bei Bauernhöfen sorgten dafür, dass die Energieversorgung nicht ausschließlich von mit fossilen Brandstoffen befeuerten Zentralen abhängig ist.

Where in the past traditional windmills beckoned in the distance, now the polder horizons are increasingly marked by modern wind turbines generating 'clean' electricity. Large windmill parks near Lelystad and Urk and on the shores of Gooimeer and Markermeer, and solitary turbines on farms offer an alternative to power plants using fossil fuels.

En otros tiempos en el horizonte se veían los tradicionales molinos. Hoy día en los pólderes se colocan cada vez más molinos modernos que generan energía limpia. Gracias a los grandes parques de turbinas eólicas – que se encuentran entre otros en Lelystad, Urk y en las orillas de los lagos Gooimeer y Markermeer – y las turbinas eólicas individuales de las fincas, el abastecimiento energético no sólo depende de los centrales que consumen combustibles fósiles.

Если в прошлом традиционные мельницы были неотъемлемой частью горизонта, то сейчас всё больше и больше современных ветряных мельниц для производства «чистой энергии» появляется на польдерах. Большие парки ветряных мельниц, как например, у городов Лелистад и Урк, вдоль озёр Гооимеер и Маркермеер, а также индивидуальные ветряные мельницы фермерских хозяйств, служат альтернативным решением вопроса по энергоснабжению, чтобы не зависеть от электростанций, работающих на природном топливе.

Windpark Irene Vorrink heeft dit jaar al voor ☐☐☐☐☐ huishoudens NATUURSTROOM geleverd.

De plattegrond van Elburg heeft een schaakpatroon, wat vooral vanuit de lucht goed waarneembaar is. Het wordt dan ook gerekend tot één van de mooiste voorbeelden van middeleeuwse stedenbouw in Nederland.

Les rues et les maisons de la ville d'Elburg forment un damier que l'on voit encore mieux du ciel. Elle passe pour l'une des plus belles villes médiévales néerlandaises.

⇐ Vispoort

Der Grundriß von Elburg weist ein schachbrettähnliches Muster auf, das vor allem aus der Luft gut erkennbar ist. Das Städtchen wird daher auch zu einem der schönsten Beispiele für den mittelalterlichen Städtebau in den Niederlanden gerechnet.

The map of Elburg shows a chess pattern, which is particularly visible from the sky. It is also considered one of the best examples of medieval urban development in the Netherlands.

El plano de Elburg se corresponde con un juego de ajedrez, que se ve sobre todo por el cielo. Este plano es considerado uno de los ejemplos más bonitos de la planificación urbana en la edad media de los Paises Bajos.

Карта городка Эльбурга представляет собой шахматный узор, что особенно хорошо видно сверху. Это один из самых лучших примеров средневекового городского строительства в Нидерландах.

Zwolle, de hoofdstad van Overijssel, is beroemd om de kerk met zijn karakteristieke toren, die officieel Onze Lieve Vrouwekerk heet, maar die beter bekend staat als Peperbus. Het oude Stadhuis staat er schuin achter, herkenbaar aan de eigentijdse toevoegingen waar niet iedereen gelukkig mee is. Het oude gedeelte herbergt een schepenzaal. Waar vroeger recht werd gesproken, kan nu getrouwd worden

Zwolle, capitale de l'Overijssel, est connue pour son église au clocher caractéristique. Celle-ci porte officiellement le nom d'église Notre-Dame mais est couramment nommée 'la poivrière'.
L'ancienne mairie a été dotée d'une aile moderne qui n'est pas du goût de tout le monde. Dans l'ancien bâtiment se trouve une salle des Echevins. Cet ancien tribunal est actuellement utilisé comme salle des mariages.

Zwolle, die Hauptstadt der Provinz Overijssel, ist für seine Kirche mit ihrer charakteristischen Form bekannt. Die Kirche heißt offiziell Onze Lieve Vrouwekerk (Unsere liebe Frau), der Name 'Peperbus' (Pfefferstreuer) ist den meisten aber eher geläufig.
Das alte Rathaus steht schräg dahinter. Es ist erkennbar an den zeitgenössischen Ergänzungen, mit denen allerdings nicht jeder glücklich ist. Der alte Teil beherbergt einen Schöffensaal. Wo früher Recht gesprochen wurde, kann jetzt geheiratet werden.

Zwolle, the capital of Overijssel, is known for its church with its characteristic tower. The church is officially called Onze Lieve Vrouwekerk, but is more commonly known as the 'Peperbus' (pepper shaker).
The old City Hall is located behind it and can be recognized by the modern additions that did not meet everyone's satisfaction. The old section houses a sheriffs' courtroom. Nowadays the old courthouse is used for marriages.

Zwolle, la capital de la provincia de Overijssel, es famosa por su iglesia con su característica torre. Oficialmente la iglesia se llama Nuestra Señora, pero se conoce más por el nombre de 'Peperbus' (lata de pimienta). El ayuntamiento antiguo está detrás en diagonal, y es reconocible por las añadiduras modernas que no son apreciadas por todos. En la parte antigua está una sala de concejo en la cual antes se administraba justicia y ahora se contrae matrimonio.

Зволле- столица провинции Оверёйзел, славится своей церковью с своеобразной башней. Оициальное название, церковь св. Богоматери (Onze Lieve Vrouwekerk), но она более известна как «Перечница». Старая городская Ратуша находится за ней, её можно узнать по современным добавлениям, которые вызывают недовольство многих горожан. Внутри старой части здания находится корабельный зал. Там, где в прошлом вершился суд, теперь проходят церемонии бракосочетаний.

Het Loo bij Apeldoorn is het Versailles van het Noorden. Tot en met Koningin Wilhelmina, die hier overleed in 1962, deed het dienst als woonplaats voor verschillende Oranjes. Koningin Beatrix heropende het schitterend gerestaureerde paleis, nu het Oranjemuseum, in 1984.

Le musée-palais Het Loo, près d'Apeldoorn, est le Versailles du nord. Plusieurs descendants de la famille d'Orange y ont vécu, jusqu'à la reine Wilhelmina qui y décéda en 1962. La reine Beatrix rouvrit le magnifique palais restauré – à présent le musée d'Orange – en 1984.

Das Schloß Het Loo bei Apeldoorn ist das Versailles des Nordens. Bis in Königin Wilhelminas Zeit, die hier 1962 verstarb, diente es als Wohnort verschiedener Angehöriger der Familie von Oranien. Königin Beatrix führte 1984 die Wiedereröffnung des glänzend restaurierten Palastes durch, in dem sich heute das Oranienmuseum befindet.

Het Loo near Apeldoorn is the Versailles of the North. Through the reign of Queen Wilhelmina, who died here in 1962, it served as the residence for various members of the royal family. Queen Beatrix reopened the beautifully restored palace, now the Orange Museum, in 1984.

El palacio Loo, cerca de la ciudad de Apeldoorn es el Versailles del Norte. Hasta que en 1962 murió la Reina Wilhelmina servía de domicilio de diferentes familias de la Casa de Orange. En 1984, la Reina Beatrix volvió a abrir el palacio espléndidamente restaurado; hoy en día se llama Museo de Orange (Oranjemuseum).

Хет Лоо- это Версаль Севера, который находится вблизи города Апелдорна. Вплоть до смерти королевы Вильгельмины, умершей здесь в 1962 году, дворец служил постоянным местом проживания всех Оранских. После великолепной реставрации , дворец был вновь открыт королевой Беатрикс в 1984 году. Сейчас это музей Королей Оранских.

⇐ Bibliotheek

⇐ Oude eetzaal

⇐ Audiëntiezaal

Midden op de Veluwe bevindt zich nog een groot gebied van ongekende rust en schoonheid: het Nationale Park de Hoge Veluwe. Wie zich laat begeleiden door een gids zal er ongetwijfeld in het wild levende dieren kunnen waarnemen.

Il y a encore une vaste région où règnent un calme et une beauté prodigieux : le parc national de Hoge Veluwe. Qui se laisse emmener par un guide aura de grandes chances d'y apercevoir des animaux sauvages.

Mitten auf dem Veluwe befindet sich noch ein großes Gebiet unbekannter Ruhe und Reinheit: der Nationalpark Hoge Veluwe. Wer sich von einem Führer begleiten lässt, wird dort sicherlich in der freien Wildbahn lebende Tiere beobachten können.

In the Netherlands few areas of wild natural beauty and peace survive. One of them, in the heart of the country, is Hoge Veluwe National Park. If you enlist the help of a guide, you stand a good chance of seeing the wildlife.

En el este de los Paises Bajos se encuentra todavía una gran región donde reinan una tranquilidad y una hermosura sin precedentes: el parque nacional De Hoge Veluwe. Quien va a conocer el parque con un guía tiene la posibilidad de ver animales salvajes.

В центре района Велюве находится природный заповедник, один из нетронутых уголков природы неслыханой красоты и покоя: Национальный Парк Хоге Велюве. Если воспользоваться услугами проводника-гида, то встреча с обитателями заповедника в естественных условиях, гарантирована.

Een beroemde inwoner van Deventer was Geert Grote. Hij kreeg er aan de kapittelschool zijn opleiding en zou er later in de 14de eeuw de grondslag vormen voor wat bekend werd als de orde van de Broeders en Zusters des Gemenen Levens. De binnenstad van Deventer is heel bijzonder. Het Berghkwartier is een van de mooiste wijken van het land. Deventer herbergt ook oude industrie: er wordt al sinds de 15de eeuw koek gebakken.

Geert Grote est un célèbre habitant de la ville de Deventer. Il étudia à l'école de l'église collégiale et fut l'initiateur de l'ordre des Frères de la Vie Commune, fondé au 14ème siècle. Le centre de la ville de Deventer est superbe. Le Berghkwartier, ou quartier de la colline, est véritablement l'un des plus beaux du pays. L'industrie traditionnelle est elle aussi bien particulière : la recette des gâteaux de Deventer date du 15ème siècle.

Ein berühmter Einwohner der Stadt Deventer im vierzehnten Jahrhundert war Geert Grote, der hier an der Domschule seine Ausbildung erhielt und später der Gründer des Ordens der Brüder und Schwestern des Gemeinen Lebens wurde. Die Innenstadt von Deventer strahlt etwas ganz besonderes aus. Das Berghviertel kann ohne zu übertreiben eines der schönsten Stadtviertel des ganzen Landes genannt werden. Ungewöhnlich ist auch die älteste Industrie: Deventer koek (Deventer Kuchen), den es bereits seit dem fünfzehnten Jahrhundert gibt.

A famous resident of Deventer was Geert Grote. He studied at the chapter school and founded the community of the Brothers and Sisters of the Gemenen Levens (Common Life) in the fourteenth century. The centre of Deventer is very special. The Berghkwartier is without a doubt one of the most beautiful quarters in the Netherlands. The oldest industry is also remarkable: the first Deventer cake was baked in the 15th century!

⇧ Museum de Waag

Un habitante famoso de Deventer fue Geert Grote. Estudió en la 'Kapittelschool', iglesia de la confraternidad y más tarde, en el siglo catorce, sentaría las bases de la famosa orden de los Hermanos de la Vida Común. El centro de Deventer es muy especial y el Berghkwartier (barrio de la colina) es uno de los barrios más hermosos del país. La industria tradicional también es particular: la receta de los pasteles típicos data del siglo quince.

Известным жителем города Девентера был Геерт Гроте. Он получил духовное образование и позже, в четырнадцатом веке, заложил основы того, что потом стало известно как Орден Совместной жизни братьев и сестёр. Центр города Девентера очень своеобразен. Район Бюргквартир (Burghkwartier) один из самых красивых в стране. В Девентере также можно найти старую отрасль производства: здесь уже с пятнадцатого века пекут особые девентерские коврижки.

⇧ St. Lebuïnuskerk

De rij van Hanzesteden langs de IJssel begint met Zutphen. Oud, beroemd en eerbiedwaardig, maar ook springlevend en gezellig. Naast de kerk bevindt zich de Librije met tachtig incunabelen: boeken van voor de uitvinding van de boekdrukkunst. Aan kettingen aan historische lessenaars kunnen ze daar nog steeds bekeken worden. Zutphen, aan de oostkant van de IJssel in Gelderland, was vroeger de hoofdstad van het land aan de andere kant van de IJssel: de Achterhoek.

Séculaire, fameuse et vénérable, mais aussi pleine de vie et d'ambiance, Zutphen est la première des villes hanséatique situées en bordure de l'IJssel. A côté de l'église se trouve la bibliothèque (Librije), qui contient quatre-vingt incunables, des livres rédigés avant l'invention de l'imprimerie. Posés sur des pupitres historiques auxquels ils sont attachés par une chaîne, ils peuvent toujours être admirés. Située en Gueldre à l'est de l'IJssel, Zutphen était autrefois la capitale de l'Achterhoek, le pays se trouvant de l'autre côté de l'IJssel.

 ⇦ Stadhuis

⇧ Drogenapstoren

Die Reihe der Hansestädte entlang der IJssel beginnt mit Zutphen. Alt, berühmt und ehrwürdig, aber auch springlebendig und gemütlich. Neben der Kirche steht die alte Bibliothek (Librije), zu deren Besitz achtzig mittelalterliche Inkunabeln zählen: Bücher aus der Zeit vor dem Buchdruck. Mit Ketten an historischen Lesepulten befestigt, können sie hier noch immer betrachtet werden. Zutphen, das am Ostufer der IJssel in der Provinz Gelderland liegt, war früher Hauptstadt des Landes östlich der IJssel: des Gebietes mit dem Namen Achterhoek.

The series of Hanse towns along the IJssel begins with Zutphen. Old, famous and stately, but also full of life and fun. The Librije (library), which is located next to the church, contains eighty 'incunabelen', books from before the printing press was invented. They can still be viewed as they are chained to historical reading desks. Zutphen, on the eastern side of the IJssel in Gelderland, used to be the capital of the country on the other side of the IJssel: the Achterhoek.

La línea de ciudades hanseáticas a la orilla del río IJssel comienza con
Zutphen. Es una ciudad antigua, famosa y respetable, pero también muy viva
y agradable. Junto a la iglesia hay una 'Librije' (biblioteca del siglo XVI)
con ochenta incunables, libros hechos antes de la invención de la imprenta.
Todavía pueden ser admirados – fijados con cadenas – en los pupitres
históricos. Zutphen está situada en el lado este del IJssel en la provincia de
Gelderland. Anteriormente fue la capital del país al otro lado del IJssel: el
Achterhoek.

Ряд Ганза-городов вдоль реки Эйссел (IJssel) начинается с Зютфена.
Старый, известный и достойный уважения, этот город также полон
жизни и в нём можно приятно провести время. Рядом с церковью
расположена Либерея (библиотека) с восьмидесятью инкунабулами:
книгами, относящимися к периоду до начала книгопечатания. Их и
по сей день можно там увидеть, укреплёнными цепями на старых
настольных подставках для чтения. Зютфен, расположенный на
восточной стороне реки
Эйссел, в провинции
Гелдерланд, был прежде
столицей земли на другой
стороне реки: Ахтерхук.

St. Walburgskerk ⇨

Waar het water van de Oude IJssel en de Gelderse IJssel samenvloeien ligt het schilderachtige plaatsje Doesburg. Doesburg ligt aan een belangrijke weg naar Munster (Westfalen). Doesburg kreeg haar stadsrechten in 1237. Van een kleine handelsnederzetting groeide het uit tot een grote handelsstad die in 1447 in het Hanzeverbond werd opgenomen.

La pittoresque petite ville de Doesburg est située au confluent de l'IJssel et de l'Oude IJssel. Doesburg se trouve en bordure d'une route importante vers Munster (Westphalie). Elle obtint ses droits de cité en 1237. De petite place forte marchande, Doesburg s'est développée pour devenir une grosse ville commerçante qui fit partie de la Hanse en 1447.

Wo das Wasser der Alten IJssel und der Gelderse IJssel zusammenfließen, liegt der malerische Ort Doesburg. Dieses Doesburg liegt hier an einem wichtigen Verbindungsweg nach Münster (Westfalen). Doesburg erhielt im Jahre 1237 Stadtrechte. Von einer kleinen Handelsniederlassung wuchs es zu einer großen Handelsstadt, die 1447 in den Hansebund aufgenommen wurde.

Picturesque Doesburg is located where the waters of the Old IJssel and the Gelderse IJssel flow together. Doesburg is on an important route to Munster (Westfalen). Doesburg was granted city rights in 1237. It grew from a small trading settlement into a major trade city that was included in the Union of Hanse Towns in 1447.

En Doesburg, una pequeña ciudad pintoresca, confluyen las aguas de los ríos Oude IJssel y Gelderse IJssel. Se encuentra en la importante ruta a Munster (Westfalen, Alemania). Obtuvo sus derechos de ciudad en 1237. Pasó de ser un pequeño asentamiento comercial hasta convertirse en una ciudad comercial que entró en la Liga Hanseática en 1447.

Там, где сливаются воедино реки Старый Эйссел и Гелдерландский Эйссел, находится живописное местечко Дусбург. Дусбург расположен на важном пути в Мюнстер (Вестфалия). Статус города Дусбург получил в 1237 году. Из маленького торгового поселения он вырос в большой коммерческий город, который в 1447 году был включён в Союз Ганзейских городов.

⇧ De Waag

Nijmegen werd in september 1944 bevrijd. De stad was al eerder vernield toen in februari geallieerde bommenwerpers zich vergisten. Na Maastricht is Nijmegen de oudste stad van Nederland. De Bataven en Romeinen waren de Rijn uit Duitsland afgezakt en hier terechtgekomen. Later bouwde Keizer Karel in Nijmegen een burcht waarvan de restanten, het Valkhof, nog altijd aanwezig zijn.

Nimègue a été libérée en septembre 1944, après avoir été bombardée par erreur au mois de février par des avions alliés. Nimègue est après Maastricht la ville la plus ancienne des Pays-Bas. Les Bataves et les Romains, venus d'Allemagne, s'y rendirent et descendant le Rhin. Plus tard, l'empereur Charlemagne y fit construire une citadelle, Valkhof (la tour du faucon), dont ont peut encore admirer les vestiges.

Nijmegen, eingedeutscht Nimwegen, wurde schon im September 1944 befreit. Die Stadt war aber zuvor vernichtet worden, als alliierte Bomber einen Fehler machten. Nach Maastricht ist Nijmegen die zweitälteste Stadt der Niederlande.
Der germanische Stamm der Bataver und die Römer waren über den Rhein aus Deutschland hierher gekommen. Später baute Kaiser Karl hier eine Burg, deren Reste in Form des Valkhofs noch immer bestehen.

Nijmegen was liberated in September 1944. The city had been destroyed earlier in February when the allied bombers made a mistake. After Maastricht, Nijmegen is the oldest city in the Netherlands. The Batavians and Romans moved down the Rhine from Germany and ended up here. Emperor Charles later built his castle here and the remnants of it, the Valkhof, can still be seen today.

Waalbrug ⇧

Nijmegen fue liberada en septiembre 1944, después de haber sido destruida en febrero por un error de los aviones bombarderos de las fuerzas aliadas. Después de Maastricht, Nijmegen es la ciudad más antigua de los Paises Bajos. Los bátavos y los romanos habían llegado a Nijmegen después de haber navegado río abajo el río Rin de Alemania. Más tarde el emperador Carlomagno hizo construir un castillo, el Valkhof, del que todavía se pueden visitar los restos.

⇦ Barbarossaruïne

De Waag ⇧

⇦ Nicolaas kapel

Нэймеген был освобождён в сентябре1944 года. До этого город был по ошибке разрушен бомбардировщиками союзников в феврале. Нэймеген самый старый город страны после Маасстрихта. Батавцы и римляне спустились вниз по Рейну из Германии и основали здесь город. Позже кайзером Карлом в Нэймеген была построена крепость остатки которой, например Фалкхоф, сохранились до сих пор.

Thorn, het witte stadje, ligt nog net in Nederland. De oude Abdijkerk heeft weliswaar een bakstenen toren, maar verder een geheel wit interieur. Het plaveisel is versierd met geometrische figuren, maar het mooist is natuurlijk de algehele indruk die de witte huizen maken. Het zijn deftige herenhuizen, boerderijen of eenvoudige dorpswoningen waarvan de bakstenen gepleisterd zijn. Sommige hebben monumentale topgevels.

Thorn est une petite ville blanche à la frontière des Pays-Bas et la Belgique. Il est vrai que l'ancienne église de l'abbaye a une tour en briques, mais son intérieur est entièrement blanc. Les pavés dessinent des formes géométriques. Mais ce qui est le plus beau, c'est naturellement l'impression générale de blancheur dégagée par les maisons. Qu'il s'agisse de maisons de maître, de fermes ou de simples habitations rurales, leurs briques sont recouvertes de plâtre. Certaines de ces maisons sont pourvues de pignons monumentaux.

Thorn, die weiße Stadt, liegt gerade noch in den Niederlanden. Die alte Abteikirche ist zwar mit einem Backsteinturm versehen, verfügt jedoch ansonsten über eine völllig weiße Innenausstattung. Das Straßenpflaster is mit geometrischen Figuren verziert. Aber am schönsten ist natürlich der Gesamteindruck der weißen Häuser. Hier sieht man stattliche Herren häuser oder einfache Dorfhäuser, deren Backsteine verputzt sind. Einige sind mit beachtenswerten Spitzgiebeln versehen.

Thorn, the little white town, lies just inside the Netherlands. The old abbey church has a bricked tower, but the rest of the interior is white. The paving is decorated with geometric figures. But the nicest part is of course the whole impression, which the white houses make. These include stately patricians' houses, farmhouses and simple village cottages of plastered brick. Some have monumental facades.

La pequeña ciudad blanca de Thorn todavía se encuentra en los Paises Bajos. La iglesia de la antigua abadía tiene una torre de ladrillos, pero con un interior completamente blanco. El pavimento ha sido decorado con figuras geométricas, pero seguramente lo más hermoso es la impresión general de las casas blancas. Son grandes casas elegantes, fincas o viviendas sencillas de pueblo con ladrillos enstucados. Algunas casas tienen aguilones monumentales.

Торн, маленький белый городок, расположен чуть ли не за приделами Нидерландов. Хотя башня Аббатства и выстроена из кирпича, всё остальное оформление полностью белое. Мостовая вымощена в виде геометрических фигур. Но наиболее полное впечатление производит, конечно, всё вместе взятое с белыми домами. Будь то особняки аристократов, фермерские усадьбы или простые деревенские дома, кирпич их выкрашен в белый цвет. Некоторые из домов имеют монументальные фронтоны.

Mosae Trajectum zoals de Romeinen zeiden toen zij een stad stichtten op de plaats waar de grote heerbaan van Keulen naar Noord-Frankrijk de Maas moest passeren.
Bij de veldtocht van Frederik Hendrik in 1632 zou Maastricht bij Nederland komen en dat is zo gebleven, ook na de afscheiding van België in 1830. Nederlands wig in Europa noemen ze Zuid-Limburg hier.

Mosae Trajectum est le nom que les Romains donnèrent à Maastricht lorsqu'ils la fondèrent, à l'endroit où la grande voie reliant Cologne au nord de la France traversait la Meuse. Annexée par les Provinces-Unies en 1632 durant la campagne de Frédéric-Henri, elle est restée néerlandaise, même après la séparation du Nord et du Sud de la Belgique, en 1830.

Mosae Trajectum, wie die Römer sagten, als sie an jener Stelle eine Stadt gründeten, an der die große Heerstraße von Köln nach Nordfrankreich die Maas überquerte. Nach dem Feldzug von Statthalter Frederik Hendrik im Jahre 1632 sollte Maastricht zu den Niederlanden gehören und dabei ist es auch geblieben, auch nach der Abtrennung Belgiens im Jahr 1830. Der Keil der Niederlande nach Europa, so wird Südlimburg hier genannt.

When the Romans founded a city where the main route from Cologne to Northern France crossed the Maas river, they called it Mosae Trajectum. The campaign of Frederik Hendrik in 1632 made Maastricht part of the Netherlands and it has remained so, also after the Belgian separation in 1830. Here they call South Limburg the Dutch wedge in Europe.

Mosae Trajectum llamaron los romanos a la ciudad que fundaron en el lugar donde está la gran carretera que va desde Colonia hacia el Norte de Francia cruzando el río Mosa. Con la expedición militar del príncipe Frederik Hendrik en 1632, la ciudad de Maastricht se unificó con los Paises Bajos si bien que nunca ha dejado de pertenecer a los Paises Bajos, ni siguiera con la secesión de Belgica en 1830. El sur de la provincia de Limburg es conocido como la entrada de Holanda en Europa.

Когда римляне основали город на том месте, где большой тракт из Кёльна в северную Францию должен пересечь реку Маас, они назвали его Mosae Trajectum (Брод через реку Маас). Во время своего похода, в 1632 году, Фредерик Хендрик присоединил Маастрихт к Нидерландам, что не изменилось даже после отсоединения Бельгии в 1830 году. Нидерландский клин в Европе, так здесь называют Южный Лимбург.

Den Bosch, officiële naam 's-Hertogenbosch, gaf ook zijn naam aan een van zijn meest illustere zonen: Jeroen Bosch. Ongetwijfeld zal Jeroen Bosch de driehoekige marktplaats vaak bezocht hebben. De bolwoningen tonen het nieuwe gezicht van Den Bosch. En Bossche Bollen zijn een bekende tractatie met chocola en slagroom!

Bois-le-Duc donna son nom à l'un de ses fils les plus illustres, le peintre Jeroen Bosch. Sans doute a-t-il lui aussi arpenté la place du marché, à la typique forme triangulaire.
Les maisons sphériques donnent à Bois-le-Duc un tout nouveau visage. Les Bossche bollen, de gros choux à la crème fourrés de chantilly et recouverts de chocolat, sont une spécialité de la ville.

Den Bosch deren offizieller Name 's-Hertogenbosch lautet, gab ihren Namen einem ihrer berühmtesten Söhne: Jeroen Bosch. Zweifellos wird auch Jeroen Bosch oft auf dem dreieckigen Marktplatz gewesen sein. Die sogenannten 'Bolwoningen' (Kugelwohnungen) zeigen das moderne Gesicht von Den Bosch. Das sind aber nicht die einzigen 'Bollen': Bossche Bollen heißt eine bekannte Leckerei mit viel Schokolade und Schlagsahne!

Den Bosch, officially called 's-Hertogenbosch, also gave its name to one of its most illustrious sons: Jeroen Bosch. He undoubtedly often visited the triangular market place here. The sphere-shaped houses show the new face of Den Bosch. 'Bosche Bollen' are also a well-known treat with chocolate and whipped cream!

⇧ Bolwoningen

Den Bosch, que oficialmente se llama 's-Hertogenbosch, también ha dado nombre a uno de sus hijos más ilustres: el pintor Jeroen Bosch. Seguramente Jeroen Bosch ha visitado muchas veces la plaza del triangular mercado. Las casas esféricas han dado una nueva vista a la ciudad que también es afamada por sus 'Bossche Bollen', los pasteles rellenos de nata y cubiertos de chocolate.

Город Дэн Бос (Den Bosch), официальное название 'с-Хертогенбос, дал своё имя одному из его самых прославленных сынов: Йеруну Босу. Он, наверняка, не раз бывал на этом, в виде треугольника, рынке. Построенные в форме шара - новой облик Ден Боса. А «Bossche Bollen» (Босские шары)- известное угощение из шоколада и взбитых сливок.

⇦ Dieze

Om Heusden op de grens van Holland, Brabant en Gelderland werd vroeger veel gevochten. Ook het einde van de Tweede Wereldoorlog ging hier niet ongemerkt voorbij.

Située entre la Hollande, le Brabant et la Gueldre, Heusden fut autrefois le théâtre de nombreuses batailles. La fin de la Seconde guerre mondiale fut, ici aussi, difficile.

Heusden an der Grenze zwischen Holland, Brabant und Gelderland war einst heiß umkämpft. Aber auch das Ende des Zweiten Weltkrieges vollzog sich hier nicht unbemerkt.

Many battles were fought at Heusden at the border of Holland, Brabant and Gelderland. It also played a part in the end of World War II.

⇑ Havengezicht

En Heusden en la frontera de las provincias de Holanda meridional, Brabante y Güeldres hubo muchas batallas. También el fin de la Segunda Guerra mundial no pasó inadvertido en Heusden.

В окрестностях Хёсдена, который находится на границе провинций Голландия, Брабант и Гелдерланд, прошло не мало ожесточённых битв. Город также был свидетелем конца Второй Мировой войны.

Waar Maas en Waal samenvloeien, ligt nu aan de Brabantse kant Woudrichem en aan de Gelderse kant Loevestein. Het was vroeger een prominente gevangenis waaruit Hugo de Groot in een boekenkist wist te ontsnappen.

Au confluent de la Meuse et du Rhin (Waal) se trouvent, du côté du Brabant, Woudrichem et du côté de la Gueldre, Loevestein. Il s'agissait autrefois d'une prison célèbre. Grotius s'en serait échappé dans un coffre à livres.

Wo Maas und Waal zusammenfließen liegt heute auf der Brabanter Seite Woudrichem und an der Seite Gelderlands Loevestein. Es war früher ein bekanntes Gefängnis und Hugo de Groot wurde hier weltberühmt durch seine Flucht in einer Bücherkiste.

On the point where the Maas and Waal rivers flow together, you will find Woudrichem on the Brabant side and Loevestijn on the Gelderland side. Loevestein used to be a prominent prison, and Hugo de Groot became world famous here after he escaped in a book chest.

En el lugar donde confluyen los ríos Mosa y Waal, al lado de la provincia de Brabante se encuentra Woudrichem y al lado de Güeldres se encuentra Loevestein. Antes Loevestein era una prisión prominente de la cual Hugo Grotius logró escaparse en un cajón de libros.

Там, где реки Маас и Ваал сливаются вместе, на стороне провинции Брабант расположено местечко Ваудрихем, а на Гелдерландской –Лувестайн. Здесь в далёком прошлом находилась известная тюрьма, откуда Гуго де Гроот всё-таки смог совершить побег в сундуке для книг.

⇦ Boekenkist

Aan de mond van de Schelde ligt Vlissingen. De geschiedenis heeft de stad zwaar beproefd, vooral aan het eind van de Tweede Wereldoorlog, want dit is en was de sleutel tot de haven van Antwerpen.

Vlissingen se trouve à l'embouchure de l'Escaut. L'histoire a fortement éprouvé la ville, surtout à la fin de la Seconde guerre mondiale, car elle donnait et donne encore accès au port d'Anvers.

An der Mündung der Schelde liegt Vlissingen. Im Lauf der Geschichte mußte die Stadt schwere Prüfungen über sich ergehen lassen, vor allem am Ende des Zweiten Weltkrieges, denn hier lag und liegt der Schlüssel zum Hafen von Antwerpen.

Vlissingen is situated at the mouth of the Schelde. History has put the city to the test, particularly at the end of World War II because it was and still is the key to the port of Antwerp.

En la desembocadura del río Escalda se encuentra Vlissingen. Durante la historia esta ciudad ha sido puesta a dura prueba, sobre todo en el final de la Segunda Guerra Mundial, pues es y era el punto clave para llegar al puerto de Amberes en Bélgica.

В устье реки Шельда расположен город Флиссинген. За всю историю городу пришлось многое испытать, особенно в конце Второй Мировой войны, потому что этот город, как в прошлом, так и в настоящем , является ключом к порту города Антверпена.

Naast de vele historische stadjes en haventjes die Zeeland telt, zijn het vooral de Zeeuwse stranden die zowel de buitenlandse als Nederlandse toerist ertoe bewegen zijn vakantie in Zeeland door te brengen.

Outre les nombreuses petites villes et ports historiques que compte la Zélande, ce sont surtout les plages zélandaises qui attirent les touristes étrangers et néerlandais.

Neben den vielen historischen Städtchen und kleinen Häfen, die zu Zeeland gehören, sind es vor allem die Strände, die sowohl die ausländischen als auch die niederländischen Touristen dazu veranlassen, die Ferien in Zeeland zu verbringen.

The southwestern province of Zeeland boasts many historic towns and ports, but its beaches are its greatest boon.

Además de las ciudades y pequeños puertos históricos de la provincia de Zelanda, son sobre todo las playas zelandeses las que persuaden a los turistas holandeses y extranjeros a pasar sus vacaciones en esta provincia.

Наряду со многими историческими местами и маленькими портами, которыми богата провинция Зееланд, всё же именно пляжи Зееландии привлекают, как иностранных, так и нидерландских туристов проводить здесь свои отпуска.

⇐ Vuurtoren Haamstede

Middelburg is fraai gerestaureerd, hetgeen na het bombardement van 1940 wel nodig was. De rijke geschiedenis is door herstel en restauraties zichtbaar gebleven.

Middelburg a été admirablement restaurée, ce qui était nécessaire après les bombardements de 1940. Grâce aux travaux effectués, les nombreux édifices racontent encore son riche passé.

Middelburg ist schön restauriert worden, was nach dem Bombardement von 1940 auch nötig war. Die reiche Geschichte der Stadt ist dank der Restaurierungen auch heute noch spürbar.

Middelburg was severely damaged in the bomb raid of 1940, but has been beautifully restored. Thanks to these restorations, you can still experience its glorious tradition of the past.

La ciudad de Middelburg ha sido hermosamente restaurada, cosa muy necesaria después de los bombardeos de 1940. Gracias a las restauraciones, se conoce todavía la historia rica de la ciudad.

Мидделбург прекрасно отреставрирован, что было необходимо после его бомбардировки в 1940 году. Богатое историческое наследие города сохранилось до наших дней, благодаря проведённым работам по его восстановлению.

Einer der Herren von Borsele, Wolvert VI, heiratete im Jahr 1444 eine schottische Prinzessin. Hierdurch entstand ein lebhafter Handel mit Wolle zwischen Schottland und Veere.

The small town of Campen once could only be reached by ferry, but in the 14th century a tidal wave washed it away. The place were the ferry left to travel to Campen became known as Veere. Wolvert VI, one of the lords of Borsele, married a Scottisch princess in 1444. Following this liaison a lively trade in wool started between Scotland and Veere.

Het in de 14de eeuw door de stormvloed verdronken plaatsje Campen bereikte men met een veer. Later werd het vertrekpunt vanwaar men Ter Vere ging kortweg Veere genoemd. Een van de Borselse heren, Wolvert VI, trouwde in 1444 met een Schotse prinses. Hierdoor ontstond een levendige handel in wol tussen Schotland en Veere.

El pueblito de Campen, inundado completamente en el siglo catorce, era accesible con un barco transbordador ('veer'). Más tarde, el punto donde se tomaba el barco fue llamado Veere. Uno de los señores de Borsele, Wolvert VI, en 1444 se casó con una princesa escosesa. Por lo cual surgió un comericio floreciente de lana entre Escocia y Veere.

Le petit village de Campen, qui fut entièrement inondé au 14ème siècle, était desservi par un bac ('veer'). Le point d'où partait ce dernier prit plus tard le nom de Ter Vere et plus tard de Veere. L'un de seigneurs de Borsele, Wolvert VI, épousa en 1444 une princesse écossaise. C'est ainsi que le commerce de la laine se développa entre l'Ecosse et Veere.

В четырнадцатом веке до местечка Кампен, затопленного штормовым приливом, можно было добраться только паромом. То место, откуда отправлялся паром, (Ter Vere) попросту назвали Веере (Veere),от слова паром. Один из господ местечка Борселе, Волверт VI, женился в 1444 году на шотландской принцессе. Этот союз послужил началом оживлённой торговли шерстью между Шотландией и Веере.

Das im 14. Jahrhundert in einer Sturmflut ertrunkene Örtchen Campen erreichte man mit einer Fähre. Der Abfahrtsort, an dem man auf die Fähre ging, hieß später kurz 'Veere'.

De dammen van het Deltaplan maken de zeekust ter plaatse zo'n 700 kilometer korter. Direct na de Watersnood van 1953 werd aan dit gigantische karwei begonnen. De Oosterscheldedam kwam in oktober 1986 als laatste gereed.

Les barrages du plan Delta raccourcissent la côte de quelque 700 kilomètres. Les travaux de construction commencèrent en 1953, après le raz de marée. Le barrage de l'Escaut oriental a été achevé en 1986.

Die Dämme des Deltaplans verkürzten die Küste Zeelands um etwa 700 Kilometer. Gleich nach der Sturmflut von 1953 wurde dieses gewaltige Vorhaben in Angriff genommen. Mit dem Ostscheldedamm wurde 1986 der letzte Teil fertiggestellt.

The dams of the Delta Plan reduce the local seacoast by about 700 kilometres. This tremendous project was undertaken immediately following the Flood of 1953. The Eastern Scheldt Dam was finished last in October 1986.

Las presas construidas durante el proyecto 'Delta', proyecto nacional de ingeniería hidráulica para la protección de Zelanda y Holanda meridional, acortaron la costa en unos 700 kilómetros. Comenzaron este trabajo titánico en 1953, directamente después de la gran inundación. La última presa, la Oosterscheldedam, fue terminada en 1986.

Водозащитные дамбы «Дельта-плана» сократили протяжённость береговой линии на этом участке на 700 километров. Сразу же после наводнения в 1953 году, началась гигантская работа над осуществлением этого проекта. Работы завершились в октябре 1986 года с возведением последней дамбы в Оостерсхелде.

Zierikzee was vroeger ooit de hoofdstad van Zeeland. Een stad met een eigen sfeer die ons sterk doet denken aan Antwerpen en Brugge. Dat klopt ook wel, Vlaamse bouwmeesters en de renaissance speelden hier een belangrijke rol.

Zierikzee used to be the capital of Zeeland. It is a city with a unique atmosphere that reminds us of Antwerp and Brugge. But that is only logical, since Flemish master builders and the renaissance had considerable influence here.

Noordhavenpoort ⇨

Zierikzee était autrefois la capitale de la Zélande. C'est une ville à l'atmosphère particulière, qui fait profondément penser à Anvers et à Bruges. Les architectes flamands et la renaissance y ont en effet laissé leur empreinte.

Zierikzee war früher einmal die Hauptstadt Zeelands. Eine Stadt mit einer eigenen Atmosphäre, die einen stark an Antwerpen und Brügge erinnert. Das hat seine Gründe, denn flämische Baumeister und die Renaissance spielten hier eine große Rolle.

⇐ Zuidhavenpoort

En alguna época Zierikzee fue la capital de Zelanda. Es una ciudad con una atmósfera que hace pensar en la ciudades belgas de Amberes y Brujas. Es cierto, pues los arquitectos flamencos desempeñaron un papel importante en el Renacimiento.

Город Зирикзее был когда-то центром провинции Зееланд. Город со своеобразной, присущей только ему атмосферой, которая напоминает нам города Антверпен и Брюгге. И это совершенно верно, так как фламандские мастера и эпоха Ренессанса сыграли здесь важную роль.

Stadhuis ⇨

Al op grote afstand kan men de toren van het voormalige havenstadje Goedereede waarnemen. In de 15de en 16de eeuw was Goedereede een levendig havenstadje, maar er komen geen schepen meer nadat het kanaal dat de haven met het Haringvliet verbindt in 1958 werd afgesloten.

Even from far away you can see the tower of the former harbour town of Goedereede. In the fifteenth and sixteenth centuries, Goedereede was a bustling little harbour city. But since 1958 when the canal connecting its harbour to the Haringvliet closed, ships no longer come here.

Schon aus großer Entfernung kann man den Turm der ehemaligen Hafenstadt Goedereede sehen. Im fünfzehnten und sechzehnten Jahrhundert war Goedereede eine belebte Hafenstadt, aber nachdem der Kanal, der den Hafen mit dem Haringvliet, einem Mündungsarm des Rheins, verbindet, 1958 stillgelegt wurde, legen im Hafen keine Schiffe mehr an.

La tour de l'ancienne petite ville portuaire de Goedereede se voit même de très loin. Au cours du quinzième et du seizième siècles, Goedereede était une petite ville portuaire vivante, mais plus aucun bateau n'y accoste depuis 1958, date à laquelle le canal reliant le port au Haringvliet fut fermé.

Ya a larga distancia se puede ver la torre de la pequeña ciudad antigua Goedereede. En el siglo quince y dieciséis fue una animada ciudad portuaria, pero con el cierre en 1958 del canal que conectaba el puerto con el Haringvliet, una desembocadura del Rin, se terminó el transporte marítimo.

Даже с большого расстояния видна башня бывшего портового городка. В пятнадцатом и шестнадцатом веках Гудерееде был оживлённым портовым городком. Но в 1958 году после закрытия канала, связывающего порт с Харингфлитом, морские суда сюда больше не заходят.

⇧ Euromast

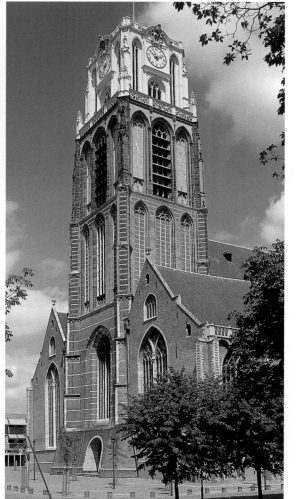

St. Laurenskerk ⇨

De sprong zuidwaarts over de rivier betekende in de 19de eeuw het begin van de grote groei van Rotterdam. Dit leidde ertoe dat de haven van Rotterdam in de jaren na de Tweede Wereldoorlog de positie van 'wereldhaven nummer één' bereikte.
Daar waar in de 19de eeuw de groei van de havens begon, heeft zich honderd jaar later ook het hart van de stad over de rivier naar de Kop van Zuid verlegd. De Erasmusbrug verbindt het oude met het nieuwe centrum.

Le bond vers le sud effectué au siècle dernier, vers l'autre côte de la rivière, donna le coup d'envoi de l'expansion de Rotterdam. Celle-ci put ainsi devenir, après la guerre, le premier port mondial.
Là où les ports se développèrent, il y a un siècle. le coeur de la ville s'est lui aussi déplacé vers le Kop van Zuid. Le pont d'Erasme relie l'ancien et le nouveau centre-ville.

Der Sprung in den Süden, über den Fluß, bedeutete im letzten Jahrhundert den Beginn des starken Wachstums von Rotterdam. Dieses Wachsen sollte den Hafen Rotterdams in den Nachkriegsjahren zum Welthafen Nummer 1 werden lassen.
Wo im letzten Jahrhundert das Wachsen der Häfen begann, ist hundert Jahre später auch das Herz der Stadt über den Fluß gewandert zum Kop van Zuid. Die Erasmusbrücke verbindet das alte mit dem neuen Zentrum.

The jump to the south, across the river, signalled the start of the massive growth of Rotterdam in the 19th-century. In the years after the war, this growth resulted in Rotterdam's standing as the world's number one port.

At the same place where the growth of the harbours started in the 19th century, the heart of the city has moved to the Kop van Zuid. The Erasmus Bridge connects the old and the new city centre.

El salto al sur, al otro lado de la río, en el siglo diecinueve, inició una gran expansión de la ciudad de Rotterdam. Durante los años siguientes a la Segunda Guerra Mundial el puerto de Rotterdam llegó a tener la posición del primer puerto mundial. En el lugar adonde empezó el desarrollo de los puertos, en el siglo diecinueve, al otro lado del río, en el actual Kop van Zuid, es donde cien años más tarde se ha trasladado el corazón de la ciudad. El Erasmusbrug (puente de Erasmo) conecta los centros antiguo y nuevo.

Прыжок через реку на юг, предвестил в девятнадцатом веке начало большого роста Роттердама. За годы после Второй Мировой войны, рост города привёл к тому, что порт Роттердама стал первым по величине портом мира. Сто лет спустя, на то место, где в девятнадцатом веке началось развитие порта, сместился через реку в 'Kop van Zuid' и центр города. Мост, носящий имя Эразма Роттердамского, соединяет старый и новый центр города.

⇦ Waalhaven

De havens zijn Rotterdam uitgegroeid, letterlijk en figuurlijk. De groei van Pernis naar Botlek, Euro-poort en ten slotte tot in de Maasvlakte, verder in zee kan men niet, is in nog geen dertig jaar tot stand gekomen. De Deltaterminal van ECT op de Maasvlakte is een begrip vanwege de zeer geavanceerde containeroverslag. Sinds de eerste containers in 1965 in de haven van Rotterdam binnenkwamen is er heel wat veranderd!

Les ports ont à présent dépassé la ville, au propre comme au figuré. L'exten-sion de Pernis vers Botlek, l'Europort et enfin, la région de Maasvlakte – on ne peut pas avancer plus loin dans la mer – a pris forme et moins de trente ans.
Le terminal à conteneurs du Delta d'ETC, dans la région de Maasvlakte, est l'un des plus modernes. Depuis que les premiers conteneurs entrèrent dans le port de Rotterdam, en 1965, beau-coup de choses ont changé !

⇦ Maasvlakte

Die Häfen selbst sind, buchstäblich und sinngemäß, über Rotterdam hinausgewachsen. Das Wachsen von Pernis nach Botlek, zum Europoort und schließlich bis hinaus in die Maasvlakte (Sandfläche vor der Maasmündung), weiter ins Meer hinaus geht es nicht mehr, hat sich in noch nicht einmal dreißig Jahren abgespielt.
Die Deltaterminals von ECT stehen für die modernsten Containerhäfen. Seit 1965 die ersten Container den Hafen von Rotterdam erreichten, hat sich doch einiges geändert!

The harbours themselves are now fully matured, both in the literal and figurative sense. The growth of Pernis to Botlek, Europoort and finally into the Maas Plain – further growth towards the sea is impossible – has taken place in less than 30 years.
The Delta Terminal of ECT on the Maas Plain features the most sophisticated container transhipment technology. Lots of things have changed since the first containers arrived in the Rotterdam harbour in 1965!

⇦ Pernis

Los puertos de Rotterdam han llegado a su completo desarrollo. En menos de treinta años se han desarrollado el Pernis hasta Botlek, el Europoort y al final la llanura del Mosa. La terminal Delta de la empresa Europe Container Terminals en la región de la llanura del Mosa es famosa por su muy avanzado transbordo de contenedores. ¡Mucho ha cambiado después de que en 1965 llegaron los primeros contenedores al puerto de Rotterdam!

Порты Роттердама переросли город, в буквальном и переносном смысле. За менее чем тридцать лет, – расти в сторону моря он не мог- порт разросся от Перниса к Ботлеку, Европорту и, наконец, вглубь плоской поверхности Маасфлакте. Дельта-терминал, относящийся к ЕСТ (Европейский терминал для контейнеров) на Маасфлакте известен благодаря своим передовым технологиям по перевалке контейнеров. Разительные перемены произошли с 1965 года, когда в порт Роттердама прибыли первые контейнеры.

Europoort ⇨

Op het Prins Clausplein bij Den Haag is in de laatste jaren het nodige veranderd. Alle aan- en afvoerwegen zijn verdubbeld en er kwamen nog meer fly-overs. Maar sommige files zijn alleen dikker geworden!

La place de Prince Claus, à La Haye, a elle aussi fait l'objet de grands changements, avec deux fois plus de routes et un grand nombre de sauts-de-mouton supplémentaires. La longueur de certains embouteillages a elle aussi augmenté !

Auch am Prins Clausplein in Den Haag wurde in den letzten Jahren einiges geändert. Alle Zu- und Abfahrten wurden vor kurzem verdoppelt und weitere Fly-Overs wurden hinzugefügt. Aber manche Staus sind seitdem nur noch länger geworden!

The Prins Clausplein near The Hague has also seen many changes over the past years. All roads in and out have recently been doubled and more fly-overs were added, but some traffic jams have only become worse.

En los últimos años la plaza Prins Clausplein en La Haya ha sido objeto de grandes cambios. Se han duplicado todas las vías de aprovisionamiento y de desaprovisionamiento y han construido mucho más pasos elevados. ¡Sin embargo algunos embotellamientos sólo han aumentado!

На площади принца Клауса, неподалёку от Гааги, за последние годы произошло много перемен. Число автомобильных дорог удвоилось и к ним добавились ещё и многоярусные пролёты дорог. Ситуация с дорожными пробками от этого не улучшилась, где-то они стали ещё длиннее.

Dordrecht is een van de oudste steden van Holland. Het oude stadscentrum herinnert door zijn fraaie gebouwen aan de vroegere glorietijd. Dordrecht ligt aan het drukst bevaren rivierknooppunt van Europa.

Dordrecht est une des villes les plus anciennes des Pays-Bas. Le vieux centre et ses beaux bâtiments rappellent cette époque de gloire révolue. Dordrecht est située à l'un des confluents de rivières les plus fréquentés d'Europe

.

Dordrecht ist eine der ältesten Städte von Holland. Das alte Stadtzentrum erinnert mit seinen bezaubernden Gebäuden an die frühere Glanzzeit. Dordrecht liegt an der am stärksten befahrenen Flusskreuzung von Europa.

Dordrecht is one of the oldest cities in the Netherlands. Its historic centre features many buildings dating back to its heyday. The city sits on the the busiest navigated river system in Europe.

Dordrecht es una de las ciudades más antiguas de la Holanda. Su antiguo centro con sus hermosos edificios nos hacen recordar los gloriosos tiempos de antaño. Dordrecht se encuentra en el punto más concurrido de la navegación de Europa.

Дордрехт – один из самых старых городов Голландии. Его старинный центр с прекрасными зданиями напоминает о славном времени прошлого. Дордрехт находится в самой оживлённой точке речного судодвижения в Европе.

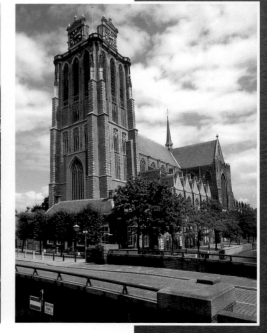

⇧ Grote Kerk

Grotere tegenstellingen in de randstad Holland zijn er nauwelijks denkbaar. Enerzijds vanaf de Noord het 20ste-eeuwse industriegebied van Rijnmond en anderzijds de landelijke dreven van de Alblasserwaard. En precies op die grens liggen de molens van Kinderdijk, maar liefst negentien in getal.

Il est presque impossible d'imaginer contrastes plus violents que ceux offerts par la Randstad néerlandaise : d'un côté la région industrielle de Rijnmond et de l'autre les paysages ruraux de l'Ablasserwaard. Exactement à leur frontière se trouvent les dix-neuf moulins de Kinderdijk. Est-ce un miracle si les touristes du monde entier viennent les admirer ?

Größere Gegensätze als in der Randstad Hollands sind kaum vorstellbar. Auf der einen Seite des Flusses Noord das moderne Industriegebiet Rijnmond und am anderen Ufer die ländlichen Gefilde der Alblasserwaard.
Und genau auf dieser Grenze liegen die Mühlen von Kinderdijk, eine komplette Gruppe von nicht weniger als neunzehn Mühlen. Ist es verwunderlich, daß, touristisch betrachtet, die ganze Welt dies gesehen haben muß?

It is difficult to imagine greater contrasts in the urban conurbation than here. On the one side of the Noord you have the 20th-century industrial area of Rijnmond, and on the other side the rural scenery of the Alblasserwaard.
And the 19 wind mills of the Kinderdijk are located here. So it comes as no surprise that the whole (tourist) world must come and see this miracle!

Es difícil imaginar contrastes más grandes en la conurbación en el oeste de los Países Bajos. Por una parte desde el norte está la zona industrial Rijnmond, por otra parte están los parajes rurales del Alblasserwaard. Y justo donde estos se tocan están los diecinueve molinos del Kinderdijk. No es de extrañar que lleguen turistas de todo el mundo a admirarlos.

Едва ли можно представить себе более сильный контраст в «Рандстаде» Голландии. (Randstad – район четырёх крупных городов). С одной стороны, с севера, Рейнмонд -индустриальный район двадцатого века; с другой- сельский ландшафт Алблассерваарда. Прямо по этой границе, на дамбе Киндердейк, стоят, ни много ни мало, девятнадцать мельниц.

De stad aan de samenvloeiing van Gouwe en IJssel groeide in de middeleeuwen snel dankzij een speciaal tolprivilege. Die macht en rijkdom zijn de stad op de Grote Markt nog goed aan te zien. De Goudse Glazen, de gebrandschilderde ramen van de kerk, zijn uniek.

Au Moyen Age, la ville ou confluent l'IJssel et la Gouwe s'est rapidement développée grâce à un système spécial de péage. Les superbes vitraux de l'église sont uniques.

Die Stadt an der Stelle, wo Gouwe und IJssel zusammenfließen, wuchs im Mittelalter dank spezieller Zollrechte sehr schnell. Macht und Reichtum der Stadt in jener Zeit sind dem Großen Markt im Herzen Goudas noch immer anzusehen. Die Goudse Glazen, also die Glasmalereifenster der Kirche, sind von einzigartiger Schönheit.

Because the rivers Gouwe and IJssel flow together in Gouda, the city grew fast in the Middle Ages thanks to a special toll privilege. The power and wealth of the city can still be seen on the Grote Markt. The Goudse Glazen, the stained windows of the church, are unique.

La ciudad que se encuentra en la confluencia de los ríos Gouwe y IJssel, ha crecido mucho en la edad media gracias al privilegio especial que es el cobro de peaje. Su poder y riqueza todavía es visible en su plaza Grote Markt: los vitrales de la iglesia ('Goudse Glazen') son de una calidad y hermosura únicas.

Город на слиянии двух рек Гауве и Эйссел, быстро рос в средневековье, благодаря особому привилегированному праву взимания дани. Та власть и богатство всё ещё хорошо видны на центральной площади Гроте Маркт. Уникально и Гаудское стекло, витражи на окнах церкви.

⇐ De Waag

⇧ Stadhuis

Binnenhavenmuseum ⇨

Delft, de stad waar de Oranjes begraven liggen en waar Willem de Zwijger door een sluipmoordenaar op bevel van de Koning van Spanje in 1584 werd vermoord. De inslag van de kogels is nog in de Prinsenhof te zien. Delft bezit nog veel uit het verleden, waaronder bijvoorbeeld het Delfts blauwe aardewerk.

Plusieurs membres de la famille d'Orange sont enterrés à Delft. C'est aussi la ville dans laquelle Guillaume le Taciturne a été assassiné sur l'ordre du roi d'Espagne, en 1584. Au Prinsenhof, l'impact des balles qui l'ont tué est encore visible. Aujourd'hui, Delft a conservé son caractère historique, ainsi que sa faïence bleue.

Delft, die Stadt, in der die von Oranien begraben liegen und in der Wilhelm von Oranien auf Befehl des Königs von Spanien von einem gedungenen Mörder 1584 erschossen wurde. Die Stelle, an der die Kugeln in die Wand einschlugen, sind noch heute im Prinsenhof zu sehen. Delft hat auch heute noch viel aus seiner Vergangenheit bewahrt. Auch das bekannte Delfter Blau.

Delft is the city where the Oranges are buried and where Willem de Zwijger was killed by an assassin by order of the King of Spain in 1584. You can still see the bullet holes in the Prinsenhof. Today Delft still has much from the past, including the famous delftware.

Делфт-город, где похоронены все Оранские, в котором, по приказу короля Испании, в 1584 году был убит наёмным убийцей Вильгельм Молчаливый. (Оранский) . Следы от пуль ещё сохранились в Принцен-гофе. Делфт сохранил многое из своего славного прошлого, например, делфтский синий фарфор.

⬆ Stadhuis

Delft es la ciudad donde guarda enterramiento la familia real Orange y donde en 1584, por orden del rey de España, un alevoso asesino mató a Guillermo el Taciturno. En el Prinsenhof todavía se puede ver el impacto de las balas que le mataron. Delft conserva mucho de su historia, entre otras su famosa céramica azul.

Oostpoort ⇨

Eine Reihe von Orten in den Niederlanden verdient besondere Aufmerksamkeit. Die Höhenunterschiede zwischen Festland und Nordsee sind nicht groß. Die höchste Erhebung der Niederlande liegt bei 332,5 Metern und befindet sich in der Nähe des Dreiländerecks in Vaals, der niedrigste Punkt ist bei Moordrecht und liegt 6,74 Meter unter dem Amsterdamer Pegel. Der geografische Mittelpunkt liegt in der Nähe von Lunteren.

Certain spots in the Netherlands deserve special attention. The differences in elevation throughout the country are not that great, however. The location with the highest elevation is at the point where the boundaries of the Netherlands, Belgium and Germany meet in the town of Vaals: 332.5 metres. The lowest point is found in the town of Moordrecht: 6.74 metres below a benchmark known as N.A.P., which is approximately sea level. The country's geographic centre is in the Veluwe region near the town of Lunteren.

Een aantal plekken in Nederland verdient bijzondere aandacht. De verschillen in hoogte zijn niet groot. Het hoogste punt van Nederland bevindt zich op 332,5 meter bij het drielandenpunt in Vaals, het laagste punt bij Moordrecht 6,74 meter beneden N.A.P. Het geografisch middelpunt bevindt zich op de Veluwe vlakbij Lunteren.
De unieke namen van de plaatsjes die u hier ziet zullen velen verrassen. Overigens ontstaan door de samenvoegingen ook weer bijzondere nieuwe plaatsnamen.

Aux Pays-Bas, un certain nombre d'endroits méritent une attention toute particulière. Les différences de niveau ne sont pourtant pas si grandes. Le point le plus élevé du pays culmine à 332,50 mètres à Vaals, où se rencontrent trois pays. Le point le plus bas se trouve quant à lui à Moordrecht, à 6,74 mètres en dessous du N.A.P. (Normaal Amsterdams Peil, correspondant au niveau moyen de la mer). Le centre géographique est situé dans la Veluwe, près de Lunteren.

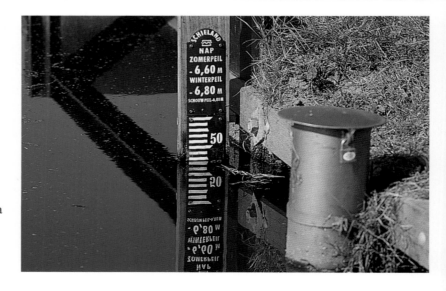

Algunos lugares de los Paises Bajos merecen una atención especial. La diferencia de altura no es grande. El punto más alto de los Paises Bajos está a unos 332,5 metros en Vaals, el punto trifinio de Holanda, Bélgica y Alemania; el punto más bajo está en Moordrecht a 6,74 metros bajo el nivel normal de Amsterdam (N.A.P.) que corresponde con el nivel del mar. El centro geográfico del país se encuentra en el Veluwe cerca del pueblo Lunteren.

Hay muchos nombres de poblaciones únicos y sorprendentes, a veces formados por ensambladuras de otros nombres.

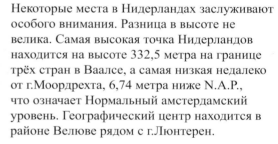

Некоторые места в Нидерландах заслуживают особого внимания. Разница в высоте не велика. Самая высокая точка Нидерландов находится на высоте 332,5 метра на границе трёх стран в Ваалсе, а самая низкая недалеко от г.Моордрехта, 6,74 метра ниже N.A.P., что означает Нормальный амстердамский уровень. Географический центр находится в районе Велюве рядом с г.Люнтерен.

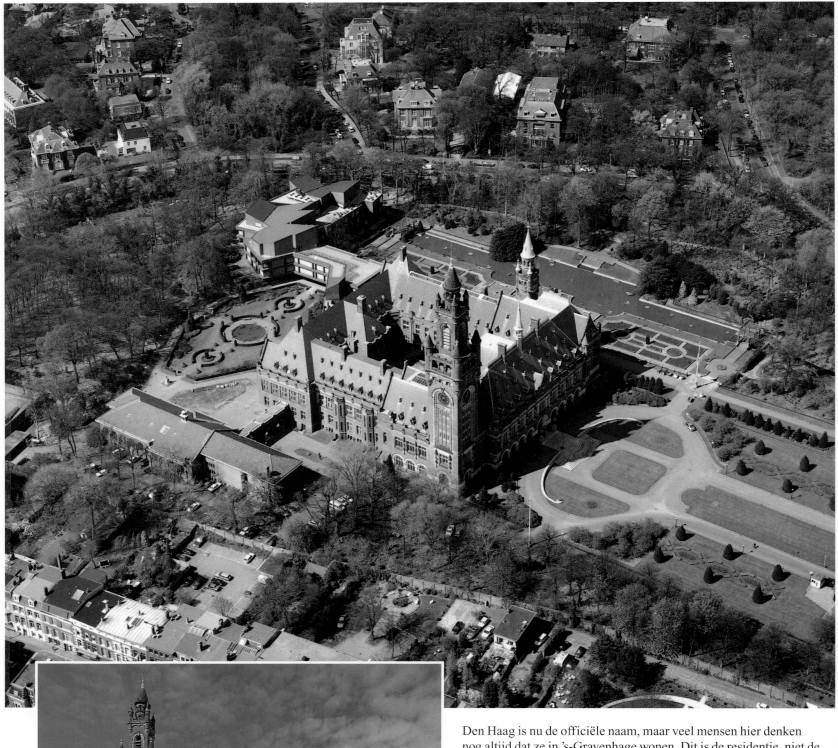

Den Haag is nu de officiële naam, maar veel mensen hier denken nog altijd dat ze in 's-Gravenhage wonen. Dit is de residentie, niet de hoofdstad. Vanaf het Binnenhof wordt het land bestuurd. De stad telt meer dan zestig ambassades. In het Vredespaleis zetelt het internationale Hof van Justitie.

Siège du gouvernement (dans le Binnenhof), La Haye n'est cependant pas la capitale des Pays-Bas. La ville compte plus de soixante ambassades. Le Palais de la Paix (Vredespaleis) abrite la Cour Internationale de Justice.

⇑ Hofvijver

⇐ Vredespaleis

Paleis Noordeinde ⇨

Den Haag ist nun der offizielle Name, aber viele hier denken immer noch, daß sie in 's-Gravenhage wohnen. Den Haag ist Regierungssitz, aber nicht Hauptstadt der Niederlande. Vom Binnenhof aus, dem Sitz des Ministerpräsidenten und dem früheren Parlamentsgebäude, werden die Geschicke des Landes gelenkt. In Den Haag sind mehr als sechzig Botschaften vertreten. Der Friedenspalast (Vredespaleis) ist Sitz des Internationalen Gerichtshofes.

Den Haag (The Hague) is now the official city name, but many people still refer to their city as 's-Gravenhage. This is the residence, not the capital. The country is governed from the Binnenhof.
The city has more than sixty embassies. The international Court of Justice is located in the Vredespaleis (Peace Palace).

Ahora La Haya es el nombre oficial, pero todavía hay mucha gente que piensa que vive en 's-Gravenhage. Sin embargo 's-Gravenhage es la residencia del gobierno, no la capital. El gobierno holandés tiene su sede en el Binnenhof. La ciudad cuenta con más de sesenta embajadas. El Tribunal de Justicia Internacional tiene su sede en el Palacio de la Paz (Vredespaleis).

Город Гаага, так она называется официально в настоящее время, но многие её жители по-прежнему считают, что живут в 'с-Гравенхаге ('s-Gravenhage). Город-резиденция парламента и правительства, но не столица страны. В Бинненхофе ведётся работа по управлению страной. В городе насчитывается более шестидесяти посольств. Во Дворце мира находится Международный Суд.

Scheveningen is eigenlijk Den Haag aan Zee. Vroeger kwamen hier de betere standen en het Kurhaus getuigt nog van die tijd. Maar achter de façades van dat oude gebouw is ook een nieuwe tijd aangebroken. Het strand is gebleven!

Scheveningen est en fait 'La Haye sur Mer'. C'était autrefois le rendez-vous des gens de la meilleure société. Le Kurhaus témoigne encore de cette époque, mais derrière la façade du vieux bâtiments, les choses ont aussi bien changé. La plage est, pour sa part, restée la même!

Scheveningen ist eigentlich der Strand Den Haags. Früher kamen die gehobenen Stände nach Scheveningen. Das Kurhaus kündet noch von dieser Zeit. Aber hinter den Fassaden des alten Gebäudes ist ebenfalls ein neues Zeitalter ange-brochen. Der Strand ist aber immer noch derselbe!

Scheveningen is actually The Hague-on-the-sea. In the past it was popular with the upper classes. The Kurhaus reflects this past. Behind its old front a new era has begun, but the beach has remained!

Scheveningen es en realidad La Haya al mar. Anteriormente sobre todo la clase alta visitaba Scheveningen; el Kurhaus todavía es testimonio de esta época. Detrás de las fachadas de este edificio antiguo ha comenzado una nueva época, ¡pero la playa no cambió!

Схевенинген – это по сути дела г. Гаага на побережье моря. Когда-то сюда приезжали гости высших кругов и Курхаус (Kurhaus) является свидетелем тех времён. Но за фасадом этого старинного здания наступили уже новые времена. Не изменился только пляж.

Toen Leiden in 1574 het Spaanse Beleg had doorstaan, mocht er als beloning een universiteit gesticht worden. Leiden is een stad van zichtbare traditie. Op een kunstmatige heuvel ligt de Burcht. Rondom deze navel van Leiden ligt het hart van de oude stad.

Après avoir résisté au siège des Espagnols, en 1574, une Université y fut érigée. Leiden est une ville de tradition et cela se voit. Le Burcht est une forteresse élevée sur un tertre artificiel, entouré de la vieille ville.

Als Leiden 1574 die Belagerung der Spanier überstanden hatte, durfte hier als Belohnung eine Universität gegründet werden. Leiden ist eine Stadt der Traditionen, das sieht man. Auf einem künstlich angelegten, Hügel liegt die Burg (Burcht). Rund um diesen Nabel von Leiden liegt das Herz der Altstadt.

When Leiden had resisted the Spanish siege in 1574, the city was allowed to found a university as a reward. Walking through the city, you can see that Leiden has a rich tradition. The Burcht (Stronghold) is situated on an artificial hill. This 'navel' of Leiden forms the heart of the old town centre.

⇑ Academiegebouw, Rapenburg

Después de haber resistido el asedio español, Leiden fundó en 1574 su universidad. Leiden es una ciudad de tradiciones evidentes. En la colina artificial está el Burcht (castillo), el ombligo alrededor del cual se encuentra el corazón de la ciudad antigua.

Hooglandse kerk ⇨

⇦ Koorenbrug   Molen de Put ⇑

После выдержанной городом осады испанцев в 1574 году, Лейдену в награду за это было дано право основать в городе университет. Лейден является городом бережно хранимых традиций. На искусственном холме стоит Бюрхт-крепость. Вокруг этой крепости раскинулся старый город, сердце Лейдена.

Panorama van de omgeving
Lisse

In het land achter de duinen waar de zeeklei vermengd is met duinzand vinden we de ideale omstandigheden voor de bollenteelt. Er is naast de klompen en de molens geen fenomeen waar Nederland meer mee vereenzelvigd wordt. Als de kleurenpracht losbarst dan gaat iedereen kijken, vooral in Lisse.

Derrière les dunes, le sol – limon et sable – offre les conditions idéales à la culture des bulbes à fleurs. Outre les sabots et les moulins, rien de plus typiquement hollandais ! Mais lorsque les fleurs ouvrent leurs corolles, étalant leurs multiples couleurs, tout le monde court les admirer notamment à Lisse.

Im Land hinter den Dünen, wo sich das Marschland mit dem Dünensand mischt, liegen ideale Bedingungen für die Zucht von Blumenzwiebeln vor. Neben den Holzschuhen und den Windmühlen sind die Blumenzwiebeln, vor allem die Tulpen, wohl der dritte Begriff, der mit den Niederlanden gleichgesetzt wird. Wenn die Farbenpracht zur Entfaltung kommt, dann geht jeder vor allem in Lissen schauen.

The land behind the dunes, where sea clay is mixed with dune sand, is ideal for growing flower bulbs. In addition to wooden clogs and wind mills, there is nothing more synonymous with the Netherlands than flower bulbs. When the colourful splendour of the blossoms finally erupts, then everybody comes to Lisse to see the incredible sight.

El paisaje detrás de las dunas – donde la arcilla marítima está mezclada con la arena de las dunas – dispone de las condiciones perfectas para el cultivo de bulbos. Además de los zuecos y los molinos, no hay ningún fenómeno con el cual se identifique más a los Paises Bajos. En el momento en que los multiples colores estallan, todo el mundo va a admirarlos, especialmente en Lisse.

Там, на земле за дюнами, где морская глина смешана с песком дюн, сложились благоприятные условия для разведения луковичных культур. Помимо деревянных башмаков (кломпы) и мельниц, нет другого феномена, как этот, который олицетворял бы собой Нидерланды. Как только на полях начинает бушевать море великолепных красок, все спешат посмотреть на эту неописуемую красоту, особенно в городке Лиссе.

⇐ Keukenhof

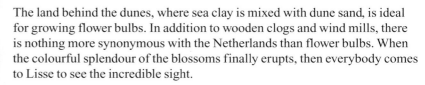
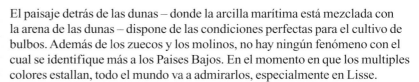

⇐ Hal

Kasteel de Haar in Haarzuilens is een van de grootste kaste-
len in Nederland. Het oorspronkelijke kasteel, uit het begin
van de 12de eeuw, werd eind 19de eeuw door de bekende
architect P.J.H. Cuypers herschapen.

De Haar est l'un des plus grands châteaux des Pays-Bas. La
bâtisse d'origine (qui date du 12ème siècle) fut rebâti à la fin
du siècle dix-neuf, par le célèbre architecte P.J.H. Cuypers.

Schloß De Haar in Haarzuilens ist eines der größten Schlös-
ser der Niederlande. Das ursprüngliche Schloß vom Beginn
des 12. Jahrhunderts wurde Ende des 19. Jahrhunderts von
dem bekannten Architekten P.J.H. Cuypers wieder aufge-
baut.

Balzaal ⇩

Castle de Haar in Haarzuilens is one of the largest castles
in the Netherlands. The original castle dates back to the
beginning of the 12th century and was recreated by the
well-known architect P.J.H. Cuypers at the end of the 19th
century.

El castillo De Haar en Haarzuilens es uno de los castillos
más grandes de los Paises Bajos. El castillo original que data
de principios del siglo doce, fue transformado a fines del
siglo diecinueve por el famoso arquitecto P.J.H. Cuypers.

Замок «Де Хаар» в Хаарзёйленсе один из самых
больших замков в Нидерландах. Первоначальный вид
замка начала двеннадцатого века, был изменён в конце
прошлого столетия известным архитектором П.Й.Х.
Кёйперсом. (P.J.H. Cuypers)

Als men in Nederland voor vergaderingen een centraal en landelijk middelpunt zoekt, komt men negen van de tien keer in Utrecht uit. Het belangrijkste knooppunt van de Nederlandse Spoorwegen is hier te vinden. Moeten de torens van Hoog Catharijne gaan wedijveren met de aloude Dom?

Ceux qui décident d'organiser des réunions dans un endroit central des Pays-Bas optent 9 fois sur 10 pour Utrecht. Cette ville est le principal noeud ferroviaire du pays.
Les tours du centre commercial Hoog Catharijne rivaliseront-elles avec la fameuse Domtoren?

Wenn man in den Niederlanden für ein Treffen einen zentralen Punkt sucht, dann einigt man sich in 9 von 10 Fällen auf Utrecht. Hier liegt auch der wichtigste Knotenpunkt der niederländischen Eisenbahngesellschaft NS. Sollen die Türme des Einkaufszentrum Hoog Catharijne mit dem Turm des Doms von Utrecht wetteifern?

If you are looking for a central meeting point in the Netherlands, nine out of ten times you will end up in Utrecht. The most important rail junctions of the Nederlandse Spoorwegen (Dutch Rail) are found here.
Should the towers of the Hoog Catherijne shopping centre compete with the ancient Dom church tower?

Si en los Paises Bajos se busca un lugar central y nacional para organisar una reunión, nueve de cada diez veces se opta por Utrecht. El punto nodal de los ferrocarriles holandeses se encuentra en Utrecht. Es cierto que las torres del centro comercial Hoog Catharijne deben competir con la famosa torre de la catedral Dom?

Когда возникает необходимость встречи для совещаний в удобном для всех месте в Нидерландах, то в девяти из десяти случаев, будет выбран Утрехт. Здесь находится самый важный железнодорожный узел Нидерландов. Уж не решили ли башни торгового центра Хоог Катарайне соперничать в высоте с древней башней церкви Дом?

⇦ Oudegracht

Paushuize ⇨

Op een afstand van 15 tot 20 kilometer ligt rondom Amsterdam een verdedigingslinie. Het was een onneembaar verdedigingssysteem dat in tijd van oorlog voor de vijand onbereikbaar werd gemaakt door het onder water te zetten.

On trouve à une distance d'environ 15–20 kilomètres d'Amsterdam une ligne de défense. Il s'agissait d'un système de défense imprenable que l'on immergeait en temps de guerre pour le rendre inaccessible à l'ennemi.

In einem Abstand von 15 bis 20 Kilometer liegt rund um Amsterdam eine Verteidigungslinie. Das war ein uneinnehmbares Verteidigungssystem, wobei das Gebiet in Kriegszeiten für den Feind unerreichbar gemacht wurde, indem man es unter Wasser setzte.

Some 9-12 miles from the city boundaries, Amsterdam is surrounded by a defence system. It was unassailable: in times of war the whole area would be flooded deliberately, preventing the enemy from reaching the city.

Alrededor de Amsterdam, a una distancia de unos 15 a 20 kilómetros, hay una línea defensiva. Fue un sistema defensivo inexpugnable: en tiempos de guerra se inundaba toda la línea, haciéndola así inaccesible al enemigo.

На расстоянии от 15 до 20 километров вокруг Амстердама проходит полоса оборонительных линий. Это была неприступная оборонная система, которая во время войны затоплялась водой и не давала врагу доступа к городу.

Om het waterpeil van de rivier de Lek te controleren zijn bij Hagestein twee enorme stuwen gebouwd. Naast de stuw bevindt zich een sluis zodat het scheepvaartverkeer zijn weg kan vervolgen.

Pour gérer le niveau de la rivière de Lek, deux énormes barrages ont été érigés à Hagestein. À côté, une écluse permet de laisser passer le trafic fluvial.

Um den Wasserstand des Lek zu kontrollieren, wurden bei Hagestein zwei riesige Wehre errichtet, falls das notwendig sein sollte. Neben dem Stauwerk befindet sich eine Schleuse, die geöffnet werden kann, damit der Schiffsverkehr nicht unterbrochen werden muss.

To control the water level of the River Lek, two enormous flood-control dams were built side by side at Hagestein. Next to the dams is a lock that allows shipping traffic to bypass the dams.

Para controlar el nivel del agua del río Lek se han construído dos presas enormes en Hagestein. Al lado de la presa hay una esclusa de modo que el tráfico fluvial puede seguir su camino.

Вблизи Хагестэйна были построены две огромных плотины для проведения контроля уровня воды в реке Лек. Рядом с ними находится шлюз, позволяющий речным судам следовать дальше по назначению.

In Naarden zijn er twee soorten mensen, zij die binnen en zij die buiten de vesting wonen. Dat is een heel verschil. De onneembare veste werd vaak veroverd. Elke Goede Vrijdag loopt het er storm voor de Mattheüs Passion van J.S. Bach.

A Naarden, il y a deux sortes de gens : ceux qui vivent à l'intérieur et ceux qui vivent à l'extérieur des fortifications. La différence est grande. Autrefois, le fort était souvent assiégé. Chaque vendredi saint, le public se bousculent pour entendre le Mattheüs.

In Naarden gibt es zwei Arten von Menschen: die, die in der Festung wohnen und jene, die außerhalb wohnen. Das ist ein Riesenunterschied. Die uneinnehmbare Festung wurde oft erobert. Jeden Karfreitag findet ein Sturmlauf vor dem Mattheus statt.

There are two sorts of people in Naarden: those who live inside and those who live outside of the fortress, a major difference. The 'invincible' fortress was often conquered. The performance of the Passion of Mathew by J.S. Bach attracts a large crowd every Good Friday.

En Naarden hay dos tipos de gente: los que viven adentro y los que viven afuera de la fortaleza. La plaza fuerte inexpugnable ha sido conquistado muchas veces. Todos los Viernes Santo la gente acude en tropel para poder asistir a la Pasión según San Mateo de J.S. Bach.

Жители города Наардена делятся на две категории: живущие внутри крепости и за её пределами. Разница огромная. Эта неприступная крепость не раз побывала в руках врагов. Каждую Страстную пятницу сюда стекается масса желающих послушать «Страсти по Матфею» Й.С. Баха.

Sedert ongeveer 1280 beheerst 't
Huys te Muyden, nu Muiderslot, de
monding van de Vecht. De bisschop
van Utrecht had hier zijn voorhaven
aan de Zuiderzee en later werd het
een verdedigingswerk voor Amsterdam.

Le château de Muiden (le Muiderslot) surveille l'embouchure de la
Vecht depuis environ l'an 1280.
Avant-port sur le Zuiderzee de l'évê-
que d'Utrecht, il sert ensuite à la
défense d'Amsterdam.

Seit ungefähr 1280 beherrscht das
Huys te Muiden, heute Muiderslot
(Muiderschloß) genannt, die Mündung der Vecht. Der Bischof von
Utrecht hatte hier einst seinen Vorhafen zur Zuiderzee, anschließend
wurde es zur Verteidigungsfestung
für Amsterdam.

Since around 1280 't Huys te
Muyden, now called Muiderslot, has
controlled the mouth of the Vecht
river. The bishop of Utrecht had his
outport to the Zuiderzee here and
then it became a defensive bulwark
for Amsterdam.

Ya desde aproximadamente 1280,
't Huys te Muyden, ahora llamado
el castillo Muiderslot, domina la
desembocadura del río Vecht. Antes
el obispado de Utrecht tenía aquí su
puerto delantero al mar Zuiderzee,
más tarde se transformó en una obra
de defensa para Amsterdam.

Примерно с 1280 года, Хёйс
те Мёйден (Huys te Muyden),
называемый сегодня Мёйдерслот,
главенствует над устьем реки
Вехт. Здесь когда-то был порт
епископа города Утрехта для
выхода в море Зёйдерзее, а позже
оборонительные сооружения для
Амстердама.

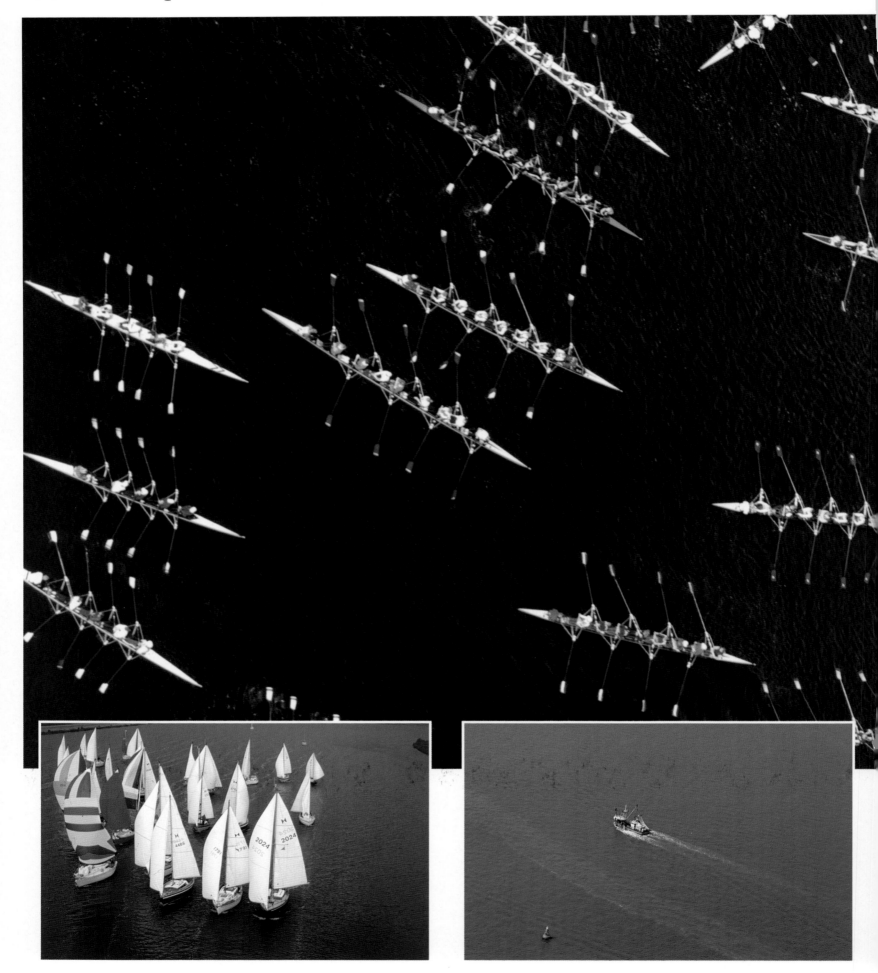

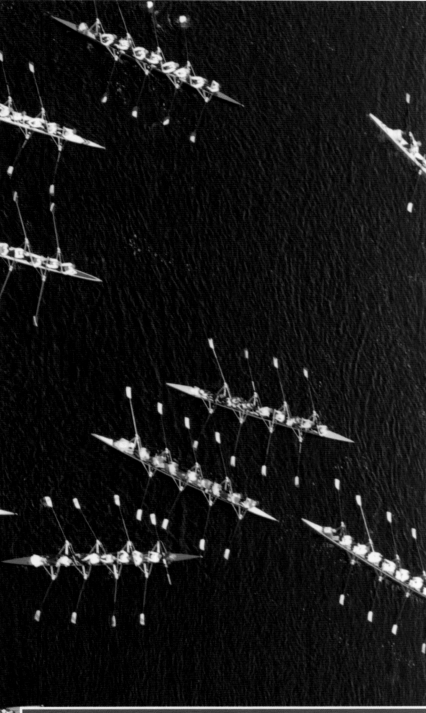

Zonder bescherming van de dijken en duinen zou een groot gedeelte van Nederland onder water komen te staan. Toch bestaat Nederland voor een groot deel nog uit water en de watersporter maakt daar dan ook dankbaar gebruik van om allerlei vormen van watersport te beoefenen.

Sans la protection des digues et des dunes, une bonne partie des Pays-Bas aurait été inondée. L'élément aquatique reste néanmoins dominant aux Pays-Bas, ce qui attire dès lors les adeptes des sports nautiques les plus divers.

Ohne den Schutz von Deichen und Dünen würde ein großer Teil der Niederlande unter Wasser stehen. Doch bestehen die Niederlande noch zu einem großen Teil aus Wasser und der Wassersportler macht davon dankbar Gebrauch, um allerlei Arten Wassersport zu betreiben.

Without dykes and dunes, a large part of the Netherlands would get flooded. And even with them, the country abounds in water. Lovers of watersports can choose to their heart's content from a wide variety of options.

Sin la protección de los diques y de las dunas gran parte de los Paises Bajos se encontraría bajo el agua. El elemento acuático que es dominante en los Paises Bajos, es aprovechado con gratitud por las personas que practican todo tipo de deportes náuticos.

Без защиты дамб и дюн большая часть Нидерландов оказалась бы под водой. Нидерланды, всё же, страна, значительную часть территории которой занимает вода и те, кто увлекается водным спортом, с радостью используют эту возможность, занимаясь различными его видами.

Alhoewel het Nederlandse landschap steeds minder vaak onder een tapijt van sneeuw verdwijnt, zorgt de sneeuw voor prachtige beelden die een rondvlucht boven het land heel interessant maken. Sneeuw en ijs vormen grillige patronen.

Même si la campagne néerlandaise disparaît de moins en moins souvent sous un tapis de neige, celle-ci sculpte encore de magnifiques paysages qui rendent un promenade en avion fort intéressante. La neige et la glace dessinent des formes capricieuses.

Obwohl die niederländische Landschaft immer seltener unter einer dichten Schneedecke verschwindet, sorgt der Schnee für prächtige Landschaftsbilder, die einen Rundflug über das Land zu einem echten Erlebnis machen. Schnee und Eis bilden bizarre Muster.

Although the Dutch landscape disappears less and less frequently under a blanket of snow, the white stuff still provides some beautiful sights that make a flight over the country a very interesting experience. Snow and ice can create jagged patterns.

No ocurre muy a menudo que el paisaje holandés desaparezca debajo de una alfombra de nieve, pero en esos casos excepcionales la nieve causa imágenes magníficas que hacen muy interesante un paseo en avión. La nieve y el hielo forman dibujos fantásticos.

Всё реже ландшафт Нидерландов можно увидеть под снежным покровом, но именно снег создаёт чудесные картины, которые делают полёт над страной влекательным. Снег и лёд образуют причудливые узоры.

Meer dan 25 jaar reist Herman Scholten (1948) door en boven Nederland om de mooiste plekjes op de gevoelige plaat vast te leggen. Dit
boek is slechts een kleine selectie van de bezienswaardigheden waar
Nederland zo rijk aan is. Voor het realiseren van de luchtopnamen zijn
wij veel dank verschuldigd aan Mark Hilhorst die geduldig en deskun-
dig Herman Scholten naar de juiste locaties vloog. Een deel van de
luchtopnamen is afkomstig uit het archief van Aerophoto-Schiphol.

Cela fait plus de 25 ans qu'Herman Scholten (1948) traverse et survole
les Pays-Bas pour photographier les plus beaux endroits. Ce livre ne
reprend qu'une sélection des nombreuses curiosités du pays. Pour la
réalisation des photos aériennes, nous tenons à remercier Mark Hilhorst, qui a conduit Herman Scholten en avion vers ses différents lieux
de travail, avec la patience et le professionnalisme qui le caractérisent.
Certaines photos aériennes proviennent des archives d'Aerophoto-
Schiphol.

Mehr als 25 Jahre reiste Herman Scholten (geboren 1948) durch und
über die Niederlande, um die schönsten Fleckchen Erde auf der licht-
empfindlichen Platte festzuhalten. Dieses Buch zeigt nur eine kleine
Auswahl der Sehenswürdigkeiten, an denen die Niederlande so reich
sind. Bezüglich der Verwirklichung der Luftaufnahmen schulden wir
Mark Hilhorst großen Dank, der Herman Scholten geduldig und fach-
kundig zu den richtigen Orten flog. Ein Teil der Luftaufnahmen stammt
aus dem Archiv von Aerophoto-Schiphol.

For more than 25 years Herman Scholten (1948) has travelled in and
above the Netherlands to photograph the most beautiful spots in the
country. This books contains only a small selection of the many attrac-
tions this country offers. The publisher would like to thank Mark
Hilhorst for his patient and expert assistance in flying Herman Scholten
to the locations for his aerial photographs. Some of the aerial pictures in
this book have been obtained from the archives of Aerophoto-Schiphol.

Ya hace más de 25 años que Herman Scholten (1948) viaja por y sobre
los Paises Bajos para fijar fotográficamente los lugares más hermosos.
Este libro es sólo una pequeña selección de los lugares de interés que
abundan en Los Paises Bajos. Para la realización de las fotografías
aéreas, mucho le agradecemos a Mark Hilhorst, el piloto que con
paciencia y competencia ha sobrevolado junto a Herman Scholten, los
sitios precisos. Una parte de las fotografías aéreas ha sido tomada del
archivo de Aerophoto-Schiphol.

Более двадцати пяти лет Герман Схолтен (1948 г.р.) путешествует
по всем Нидерландам, как по земле, так и по воздуху, в поисках
заслуживающих внимания мест, чтобы запечатлеть их на
плёнку. В этой книге предложена только небольшая часть тех
достопримечательностей, которыми так богаты Нидерланды. За
возможность сделать снимки с воздуха, издательство благодарит
Марка Хилхорста, который терпеливо и со знанием дела, летал
с фотографом Германом Схолтеном в поисках подходящих для
съёмок мест. Часть использованных здесь снимков взята из
архива Аэрофото-Схипхол.

Register

Afsluitdijk	56-57		Loevestein	118-119
Alkmaar	48-49		Maastricht	112-113
Ameland	62-63		Marken	38-39
Amsterdam	10-25		Marssum	74-75
Blokzijl	82-83		Medemblik	54-55
Bourtange	80-81		Middelburg	124-125
Broek op Langedijk	46-47		Muiderslot	168-169
Delft	146-147		Naarden	166-167
Deltawerken	128-129		Nijmegen	108-109
Den Haag	150-151		Pampus	34
Deventer	102-103		Plaatsnamen	149
Doesburg	106-107		Prins Claus plein	138-139
Dordrecht	140-141		Rotterdam	134-137
Durgerdam	35		Scheveningen	152-153
Edam	36-37		Schiphol	6-9
Eilanden	52-53		Schokland	86-87
Elburg	94-95		Schoorl-Pettten	50-51
Enkhuizen	44-45		's-Hertogenbosch	114-115
Flevoland	88-89		Skûtsjesilen	72-73
Forten	162-163		Sneek	76-77
Goedereede	132-133		Thorn	110-111
Gouda	144-145		Urk	84-85
Groningen	78-79		Utrecht	160-161
Haarlem	26-27		Veere	126-127
Haarzuilens	158-159		Vlieland	60-61
Hagestein	164-165		Vlissingen	120-121
Harlingen	64-65		Volendam	40-41
Het Loo	98-99		Waddenzee	58-59
Heusden	116-117		Watersport	170-171
Hoge Veluwe	100-101		Westkapelle	122-123
Hoogteverschillen	148		Windmolens	92-93
Hoorn	42-43		Winter	172-173
IJmuiden	30-31		Woudsend	68-69
Kampen	90-91		Zaanse Schans	32-33
Keukenhof	156-157		Zandvoort	28-29
Kinderdijk	142-143		Zierikzee	130-131
Leeuwarden	70-71		Zutphen	104-105
Leiden	154-155		Zwolle	96-97
Lemmer	66-67			

Samenstelling en fotografie:
Herman Scholten, Almere

Overige foto's:

Fotodienst KLM:
Pagina: 6, 7

Capital press:
Pagina: 9

W. Janssen:
Harderwijk, pagina: 100

't Loo
Rijksmuseum Paleis Het Loo
E. Boeijinga
Pagina: 98, 99

Rondo Breda:
Pagina: 5, kaart van Nederland